Coleção
FILOSOFIA
ATUAL

Impresso no Brasil, novembro de 2009

Copyright © 2009 by Inês Ferreira da Silva Bianchi e
   Luiz Vicente Ribeiro Ferreira da Silva

Publicado originalmente no Brasil, em 1964, pelo
Instituto Brasileiro de Filosofia, sob o título *Obras completas*.

Os direitos desta edição pertencem a
É Realizações Editora, Livraria e Distribuidora Ltda.
Caixa Postal: 45321 · 04010 970 · São Paulo SP
Telefax: (11) 5572 5363
e@erealizacoes.com.br · www.erealizacoes.com.br

Editor
Edson Manoel de Oliveira Filho

Tradução das citações
Latim: Érico Nogueira | Francês: Alfredo Fressia

Revisão
Liliana Cruz

Capa e projeto gráfico
Mauricio Nisi Gonçalves / Estúdio É

Pré-impressão e impressão
HRosa Gráfica e Editora

Reservados todos os direitos desta obra.
Proibida toda e qualquer reprodução desta edição
por qualquer meio ou forma, seja ela eletrônica ou mecânica,
fotocópia, gravação ou qualquer outro meio de reprodução,
sem permissão expressa do editor.

Coleção
FILOSOFIA ATUAL

LÓGICA SIMBÓLICA
OBRAS COMPLETAS

VICENTE FERREIRA DA SILVA

ORGANIZAÇÃO E PREPARAÇÃO DE ORIGINAIS
RODRIGO PETRONIO

PREFÁCIO
MILTON VARGAS

POSFÁCIO
NEWTON DA COSTA

REALIZAÇÕES

OBRAS COMPLETAS
DE VICENTE FERREIRA DA SILVA

Lógica Simbólica
Dialética das Consciências
Transcendência do Mundo

agradecimento

A Milton Vargas, figura renascentista que une o rigor do homem técnico à sensibilidade do pensador, do leitor de poesia e do ensaísta erudito. Ele, na qualidade de amigo, interlocutor e um dos melhores leitores de Vicente, privilegia-nos com seu prefácio.

Sumário

Nota do organizador 9

Lógica simbólica 13

Prefácio – O jovem Vicente Ferreira da Silva
  por Milton Vargas 15

PARTE I – ELEMENTOS DE LÓGICA MATEMÁTICA

Introdução 29

Capítulo 1
A lógica como base da filosofia 33

Capítulo 2
A nova doutrina do termo 43

Capítulo 3
A teoria das proposições atômicas 55

Capítulo 4
As proposições moleculares e as leis da lógica 63

Capítulo 5
O cálculo proposicional 75

Capítulo 6
A noção de função proposicional e sua aplicação 85

Capítulo 7
As classes 95

Capítulo 8
As leis de dedução 107

Capítulo 9
As determinações de verdade e falsidade 115

PARTE II – A LÓGICA MODERNA

A lógica moderna 125

Posfácio – Vicente Ferreira da Silva e a lógica
  por Newton da Costa 139

Bibliografia 153
Nota biográfica do autor 155
Nota biográfica do organizador 159

Nota do Organizador

Obras Completas de Vicente Ferreira da Silva

A obra de Vicente Ferreira da Silva é de longe um dos maiores legados filosóficos e ensaísticos da língua portuguesa. E para demonstrar essa asserção não é necessário arrolar as opiniões que alguns pensadores e artistas de primeira grandeza emitiram sobre ela; basta que o leitor atento e honesto com sua própria consciência passeie pelas suas páginas. Morto prematuramente em um acidente automobilístico em 1963, o destino trágico obstruiu os desdobramentos insondáveis a que o pensamento de Vicente certamente teria chegado, bem como comprometeu a recepção ulterior de sua obra. Some-se essa causa à malícia intelectual que ainda em vida do Autor tentou criar subterfúgios para isolá-lo ideologicamente, sem contudo oferecer argumentos sequer superficiais para minimizar o seu valor, e começaremos a entender as razões que levaram uma obra dessa altitude a estar há praticamente quarenta anos soterrada e esquecida.

Em razão dessas contingências históricas, em vida Vicente publicou apenas sete livros: *Elementos de lógica matemática* (1940), *Ensaios filosóficos* (1948), *Exegese da ação* (1949 e 1954),

Dialética das consciências (1950), *Ideias para um novo conceito de homem* (1951), *Teologia e anti-humanismo* (1953) e *Instrumentos, coisas e cultura* (1958). Porém, grande parte da sua produção ensaística é esparsa, tendo sido publicada, em vida e postumamente, em revistas de filosofia e cultura, notadamente nas revistas *Diálogo*, fundada e dirigida por ele mesmo, *Convivium*, *Revista Brasileira de Filosofia* e *Cavalo Azul*, esta última fundada por sua esposa, a poeta e tradutora Dora Ferreira da Silva. Além destas, também publicou em revistas estrangeiras. Dessa forma, ao organizar a sua obra, é forçoso reportarmo-nos à primeira edição de sua *Obra completa*, levada a cabo pelo Instituto Brasileiro de Filosofia,[1] mas também às primeiras edições em que cada texto circulou, seja em formato de revista ou de livro.

Para a presente edição das Obras Completas de Vicente Ferreira da Silva, atitude de coragem e pioneirismo da É Realizações, adotei a divisão temática criada pelo IBF, por sinal bastante criteriosa. Introduzi, entretanto, algumas alterações, distribuindo o material em três volumes, de acordo com as três grandes frentes do pensamento do Autor, apontadas por diversos estudiosos: *Lógica simbólica*, *Dialética das consciências* e *Transcendência do mundo*. O primeiro, que o leitor ora tem em mãos, recolhe os trabalhos que o Autor desenvolveu na área da lógica matemática, da qual foi um dos pioneiros no Brasil. No segundo, a ênfase recai sobre as vertentes existencial e fenomenológica de sua investigação, e tem em seu centro a obra homônima, publicada em 1950. Já o terceiro, cujo título tomei a liberdade de criar, seguindo à risca a essência do pensamento do Autor, reúne primordialmente seus estudos sobre filosofia da mitologia e

---

[1] Vicente Ferreira da Silva. *Obras completas*. Prefácio de Miguel Reale. São Paulo, Instituto Brasileiro de Filosofia, 1964-1966. Dois Tomos.

da religião, ou seja, o que didaticamente pode ser chamada de terceira fase de seu pensamento, a fase mítico-aórgica. Há que se deixar claro, no entanto, que esses títulos são genéricos. O conteúdo de cada um dos volumes extrapola o seu escopo descritivo, com ensaios que versam também sobre outros assuntos, tais como acontecimentos de época, arte e cultura, mito e rito, filósofos específicos, filosofia da história e a própria história da filosofia.

No que diz respeito à fixação do texto desta nova edição, tomei algumas decisões diferentes das tomadas pela edição do IBF. No caso da reunião dos ensaios que não foram publicados em livro, reproduzi, em linhas gerais, os títulos e os agrupamentos da edição do IBF. Porém, como a presente edição é temática, redistribuí algumas dessas disposições pelos três volumes. Em primeiro lugar, reservei um volume específico para os trabalhos de lógica matemática, que tinham sido publicados no segundo tomo da edição do IBF. Por outro lado, desloquei o conjunto de ensaios intitulado "Sobre a educação, a sociologia e a política" (segundo tomo do IBF) para a obra *Dialética das consciências*, em virtude de o conteúdo desses ensaios se coadunar mais com as temáticas gnosiológica, humanista, anti-humanista e existencial desse volume. Por seu turno, o conjunto de ensaios "Filosofia da mitologia e da religião" (primeiro tomo do IBF) foi incorporado ao volume *Transcendência do mundo*, por estar no cerne da reflexão mítico-aórgica do Autor. Por meio de pesquisa, coletei também os inéditos e dispersos de VFS que não constam na edição do IBF por terem sido publicados posteriormente, em revistas como *Convivium* e *Cavalo Azul*, entre outras. De modo que, excetuando-se poucos manuscritos e cartas do espólio do Autor, a presente edição da É Realizações contempla toda a produção édita e inédita de VFS. Também elaborei uma lista exaustiva de todas as publicações de VFS, com data, local de publicação, número, página, bem como uma bibliografia exaustiva de teses, livros, artigos, ensaios e capítulos, direta e indiretamente referentes a seu pensamento. Tal Bibliografia consta no volume *Transcendência do mundo*, junto com a Introdução geral às Obras Completas.

Lógica Simbólica

Este volume, *Lógica simbólica*, contém dois trabalhos de Vicente Ferreira da Silva sobre lógica, os únicos que escreveu a esse respeito: a obra *Elementos de lógica matemática* (São Paulo, Cruzeiro do Sul, 1940, 116 p.), que é seu livro de estreia na filosofia, e "Lógica moderna" (conferência pronunciada pelo Autor no Instituto de Engenharia de São Paulo, em 15 de março de 1939, posteriormente transcrita).

Embora os termos lógica simbólica, lógica matemática, lógica algébrica e logística sejam sinônimos, e designem as novas correntes desse campo da filosofia que pretenderam ampliar o escopo da lógica clássica, de base aristotélica, achei por bem reproduzir o título *Lógica simbólica*, criado pela edição das Obras Completas do IBF. Este termo, por soar mais abrangente, pareceu-me mais apto a agregar em si a contento os conteúdos destes dois trabalhos de VFS, a saber, o hodierno de sua obra publicada e a análise de alguns elementos da lógica moderna, bem como das novas contribuições que esta trouxe à investigação lógica em geral, que são o assunto de sua conferência. No que diz respeito aos símbolos lógicos e matemáticos, procurei ser rigorosamente fiel ao impresso pela edição do IBF, consultando especialistas, sempre que possível, para dirimir eventuais dúvidas de grafismo e/ou de significado.

O JOVEM VICENTE FERREIRA DA SILVA

por Milton Vargas[1]

Em São Paulo, no ano de 1932, um pequeno grupo de ginasianos do São Bento reunia-se, à hora do lanche, na Leiteria Pereira. Um deles escrevia *haikais*, outro usava como gravata um impertinente laço preto, um terceiro, filho de general revolucionário, escrevia em panfletos anarquistas. Certo dia eu, que fazia parte do grupo, li um trabalho sobre um Nietzsche arrogante e desdenhoso, embora juvenilmente desesperado. Foi então que Vicente Ferreira da Silva entrou em cena com uma carta em que me respondia. Eram cinco páginas de uma letra miúda as desta carta perdida, gesto desaparecido, momento em que um jovem arroja-se a uma forma de vida que escolhe para si. Era um *envoi* em que renunciava a toda vulgaridade e toda quotidianidade e prometia fidelidade aos grandes e aos raros seguidores. Nietzsche era um dos autores, mas não um Nietzsche estudado, analisado, posto em confronto com sua época. Era um Nietzsche puro, gritando

---

[1] Artigo publicado originamente na edição especial da revista *Convivium*, em homenagem a VFS: Milton Vargas. O jovem Vicente Ferreira da Silva. *Convivium,* São Paulo, v. 16, n. 3, p. 194-201, maio/jun., 1972. (N. O.)

seus aforismos a nossos ouvidos, absoluto, sem confrontação, sem pátria e sem língua. Mas, como seta dardejante, revelando não tanto aquilo que era, mas o que éramos nós.

Ora, nessa época a Leiteria Pereira era também o ponto de reunião de alguns dos participantes da Semana de 22. Mário de Andrade, Oswald de Andrade, Guilherme de Almeida lá estavam quase todos os dias à hora do lanche, ignorando e sendo acintosamente ignorados pelos nietzschianos imberbes da mesa ao lado. Por parte dos mais velhos havia um displicente desconhecimento da nossa existência; mas, em compensação, por parte dos jovens, havia real hostilidade contra aqueles piadistas que pretendiam usurpar com tiradas irônicas a grandeza dos nossos ídolos eleitos. Os laços de parentesco entre um dos componentes do grupo jovem e um dos modernistas possibilitou por raros momentos um certo diálogo. Mas esses contatos redundavam sempre num completo malogro; e nem poderia ser de outra forma, pois que nos separava o grande vale entre as duas vertentes da formação nacional. De um lado, a rebeldia edipiana dos modernistas contra as nossas origens europeias, mediante um gesto devastador que impele o brasileiro à destruição em si de um europeísmo gasto, substituindo-o, paradoxalmente, por outro. De outro, uma fidelidade à cultura europeia, que, se é a matriz dos nossos medalhões culturais, também nos revela o que fomos em nossas origens, o que somos e o que sempre seremos. O primeiro comumente se mostra como o anticulturalismo iconoclasta e irreverente, porém com forte dose de ressentimento, que caracteriza a Semana de 22. Nessa atitude encontram-se caracteres opostos: os que pregam a demolição da cultura europeia e os que procuram refúgio na primitiva ignorância da nossa gente. A prova disso é que, da Semana de 22, surgiu o *Manifesto antropofágico* de Oswald de Andrade, no ano de 1928, quase ao mesmo tempo em que eram publicados *Macunaíma* e *Retrato do Brasil*. Esses escritos mostram que ao lado da valorização do que é nosso aparece sempre uma espécie de pudor, ou, nos piores momentos, de repúdio daquilo que nos parece elaboradamente inteligente. O que nos impele absurdamente a preferir o aculturalismo elementar do nosso povo a todas as grandes obras da cultura ocidental. Outro aspecto da nossa autoafirmação é o que se revela, por exemplo, na teoria filosófica de Vicente Ferreira da Silva. Nela, é manifesta a fiel filiação ao pensamento europeu. Não há em suas páginas, por exemplo, a preocupação da filosofia norte-americana de, mantendo-se fiel ao pensamento europeu, dele divergir, produzindo algo americano; mas aparece em Vicente o irrestrito abandono, a entrega total às origens. Entretanto, paradoxalmente, a filosofia americana é fiel aos textos, estudados, examinados e compreendidos; enquanto o abandono brasileiro toma dos textos o que lhe interessa, isola-os do contexto europeu, vive-os aqui e agora e os absorve. Nessa absorção, o pensamento de Vicente encontra-se, depois de longo trajeto percorrido, com o de seus compatriotas antropofágicos. Tudo isso está, porém, não simbolizado, mas realmente vivido, no contraste entre um Oswald de Andrade, antropofágico e piadista, e um Vicente Ferreira da Silva, raro nietzschiano adolescente. Num encontro posterior de amizade, o primeiro viu no segundo o suporte da sua antropofagia filosófica, teoricamente falha; enquanto Vicente procurava em Oswald as bases telúricas de que necessitava para a sua filosofia.

O movimento da Semana de 22 foi eminentemente demolidor; mas demolidor num sentido que, de alguma forma, não se tornava mais necessário, porque, no mundo inteiro, o que combatia já tinha sido superado. O mérito da Semana de 22 foi, portanto, o de desatravancar o pensamento brasileiro das formas arcaicas que persistiam entre nós, embora mortas nos grandes centros. É impressionante notar que em 1917 Eliot já publicara seu *Prufrock* e, em 1922, *Waste Land*; Yeats, em 1921, já publicara *Michael Robartes and the dancer* e, em 1915, Ezra Pound já compusera *Hugh Selwyn Mauberley*, enquanto Rilke, em 1922, já completara as *Elegias de Duíno* e os *Sonetos a Orfeu*. Esses marcos da literatura moderna, entretanto, não eram conhecidos pelos "revolucionários" de 1922, os quais se mantinham ligados a Marinetti, Paul Fort e Henri Barbusse, hoje quase esquecidos. É que talvez o ataque aos parnasianos domésticos os interessasse mais do que a procura das novas formas literárias que vinham surgindo. E nisso foram eficientes. Era, talvez, mais saborosa uma piada contra um canastrão nacional do que a constatação de que James Joyce, na Europa, estava abrindo um caminho novo na expressão literária; ou que, mesmo em Portugal, os poemas de *O guardador de rebanhos* já tinham trazido para a língua portuguesa uma nova possibilidade. Mas isso tudo não tinha a menor importância; pois a Semana não era um movimento de renovação cultural, mas um aspecto do espírito revolucionário do Brasil de então, em que se contestavam as formas gastas da nossa cultura europeia, e se pretendia implantar algo de vagamente "nacional" verde-amarelo. Não se sabia o que se devia aqui implantar; mas toda aquela cultura defasada que se apresentava sob o nome de "parnasianismo", evidentemente, deveria acabar. Marinetti era puro pretexto e dele só se retirou a violência demolidora. Isto é, Marinetti foi isolado do contexto cultural europeu e integrado, ou engolido, à maneira brasileira, resultando disso que a sua iconoclastia europeia transformou-se na ritualística autoflagelação nacional que foram aquelas três obras características da Semana: o *Manifesto antropofágico*, *Macunaíma* e *Retrato do Brasil*.

Paradoxalmente, a obra de Vicente Ferreira da Silva, embora aparentemente de costas para o Brasil, no seu interesse pela cultura europeia, faz a mesma coisa. Em sua fase juvenil, Vicente recorta Bertrand Russell e Wittgenstein do contexto europeu; isola-os e os traz para nós, não como autores de um método claro e preciso de conhecimento, mas como algo que destrói toda a tradição de humanismo e comprova o fim de uma cultura. Infelizmente Vicente não se demorou muito nesse campo para poder explicitar o seu temperamento. O que, porém, levou Vicente à lógica matemática não foi uma necessidade de investigação clara e precisa, mas a fascinação de destruir os pressupostos metafísicos de uma cultura que lhe parecia roída por "dois mil anos de marasmo e de discussões estéreis".

Para o jovem Vicente, o positivismo lógico nunca seria capaz de "se erigir substância essencial das divagações filosóficas, método único de pesquisa da verdade", mas promessa de abolição de todo e qualquer sistema filosófico. Foi a necessidade de contestar basicamente os pressupostos da cultura que o levou a interessar-se pelas primeiras notícias do Círculo de Viena, em lugar de envolver-se, por exemplo, nas atividades da Internacional Comunista, tão ativa então, e que lhe parecia não uma revolução, mas uma intenção de renovar e reinstaurar as virtudes de uma cultura em declínio. Quem conheceu o Vicente jovem, arremetendo petulantemente contra os "erros" dos grandes filósofos, pode atestar que, realmente, a lógica foi para ele, antes de mais nada, instrumento de agressão contra um mundo que parecia caduco. Alguns anos depois, o contato de Vicente com Quine, professor de Harvard, um dos grandes instituidores da lógica matemática, foi um total desencontro, pois que, evidentemente, não encontrou nele a mesma tônica que pusera na lógica.

Muito mais intenso, demorado e trabalhado foi o entendimento que Vicente manteve com a filosofia de Heidegger; mas neste caso também, creio eu, Vicente atuou absorvendo integral e fielmente o texto original, isolando-o porém do seu contexto, banhando-o numa atmosfera agressivamente anti-humanista e teológica inexistente no original. Com efeito, a substituição da interpretação heideggeriana do Ser pelo *Fascinator* – a fonte fascinadora donde brota a realidade, que pode ser entendida como encantamento mágico – é, evidentemente, ao mesmo tempo uma adesão ao filósofo alemão e a sua inserção em solo estranho, ou pelo menos diferente do seu. Com efeito, quando Niccola Abbagnano pronunciou em São Paulo uma conferência sobre os existencialismos, incluindo Heidegger, grande foi seu espanto diante da contestação de Vicente à interpretação que dera a Heidegger. "Não sei se a sua leitura de Heidegger, disse Abbagnano, é correta, porém, ela me parece estranhamente original."

É necessário dizer que, naquela época, muito mais do que agora, a cultura europeia nos chegava quase que exclusivamente pela literatura. Com o ataque dos da Semana ao "parnasianismo", e como este era todo devotado à literatura francesa, apareceu entre nós a oposição às fontes francesas. Era uma oposição que se exprimia, por exemplo, na ideia de que Bergson e Proust eram decadentistas só do gosto da nossa já declinante aristocracia do café. E à medida que diminuía o prestígio da literatura dos "senhores", aumentava a atenção à literatura dos imigrantes italianos. Encontramo-nos, então, com Pirandello e Papini. Entrementes, o grande romance inglês da época também aqui chegava: Aldous Huxley, Chesterton e o então quase desconhecido Lawrence. E, além de tudo, a cultura alemã que aqui entrava por meio da *Revista do Ocidente* e, com ela, também as interpretações espanholas das ideias alemãs, em Ortega y Gasset. E ainda, finalmente, os russos. Tanto os do velho regime: Dostoiévski, Turguêniev, Pushkin e Tolstoi, como os revolucionários encabeçados por Gorki.

Vicente Ferreira da Silva viveu sua adolescência sob o impacto dessa libertação do monopólio cultural francês e a abertura para a totalidade da cultura europeia. Dois autores entretanto tiveram enorme importância em sua mocidade: Pirandello e Aldous Huxley. Pirandello, principalmente no seu *Uno, nessuno e centomila*, com as suas perguntas insistentes sobre a realidade, moveu Vicente para o idealismo crítico de Kant. Aldous Huxley instigou sua adesão juvenil à ciência. Adesão esta não destituída de agressividade, colocando o corpo científico como instância trans-humana, que, do alto, ameaçava uma humanidade em decadência. Nas ciências encaminhou-se Vicente para a matemática. Já na Faculdade de Direito, por volta de 1933, resolveu estudar matemática. E a estudou metodicamente, desde a álgebra e a geometria elementares até o cálculo diferencial e a geometria analítica. Estudava só, mas cuidadosamente, fazendo exercícios e conferindo constantemente seus conhecimentos com um amigo, estudante de engenharia. Mais tarde completou seus estudos próprios com aulas particulares do professor Monteiro Camargo, de quem foi amigo próximo. Essa conjugação de Kant e matemática naturalmente conduziu Vicente à lógica matemática, de Bertrand Russell e Whitehead, de que foi, provavelmente, o primeiro leitor brasileiro, como comprovam as suas anotações à margem de um exemplar da primeira edição dessa obra, pertencente à biblioteca da Escola Politécnica.

Ora, em 1933 fundava-se a Universidade de São Paulo. Fundou-se, entretanto, com um vício de origem. Nasceu dividida entre Filosofia, Letras e Ciências Humanas, de um lado, e Ciências Exatas e profissões, do outro. Paulo Duarte e Theodoro Ramos, enviados à Europa em busca de professores, divergiram nas suas escolhas. O primeiro trouxe professores franceses para o departamento de Filosofia e Letras; o segundo, italianos para o de Ciências Exatas. Embora também tivessem vindo a São Paulo dois grandes professores alemães para a área de Biologia, a universidade dividiu-se em dois setores quase tão opostos como os em que se encontravam a França e a Itália naquela época. Além disso, havia a reação das escolas profissionais já existentes e incorporadas à USP. De um lado, a Filosofia e as Letras assumiram o caráter universitário sob a égide dos grandes franceses: Guerroult, Lévi-Strauss, Granger, Bastide. A eles aderiram, com Paulo Duarte, não os "protagonistas" da Semana, mas os seus "descendentes". Do outro lado, as Ciências, com Fantapié, Wataghin, Ochiallini e Honorato, estavam mais próximas das antigas faculdades profissionais. A eles aderiram alunos dessas escolas e, através de Theodoro Ramos, alguns dos seus professores; quase todos muito distantes das disputas lítero-culturais da Semana. Vicente Ferreira da Silva, por sua família originariamente italiana e por sua adesão à matemática, embora estudante de Direito, ligava-se ao segundo grupo. Havia um quê de esquerdismo na Filosofia e nas Letras e um quê de direitismo nas Ciências Exatas, e esse *divortium aquarum* manteve-se, infelizmente para o desenvolvimento cultural do país, até a morte de Vicente. Vicente imediatamente aproximou-se de Fantapié e através dele informou-se da situação da lógica matemática italiana. Burali-Forti e Levy-Civita, além de todo o apogeu da matemática italiana dos anos 1930, passaram pela assimilação de Vicente sob as vistas de Fantapié que, além de matemático, era um profundo conhecedor da lógica. Logo em seguida, Hilbert e os do Círculo de Viena foram as primeiras leituras germânicas de Vicente.

O que mais seduziu inicialmente Vicente, nos *Principia*, de Russell e Whitehead, foi a possibilidade de estender a lógica às proposições relacionais. "O Universo não é constituído unicamente por entes aos quais são atribuídas propriedades, como quer a forma apofática de Aristóteles, mas também por relações entre entes. As expressões linguísticas que descrevem estas ocorrências são justamente as proposições relacionais", diz Vicente ao final da Conferência em que se iniciou na vida cultural, feita no Instituto de Engenharia em São Paulo, em março de 1939. Ele compreendia perfeitamente que mesmo a lógica matemática de Boole só abrangia as proposições de inclusão em classes. A aristotélica proposição tipo "A e B" ainda dominava o panorama lógico; entretanto, os *Principia* possibilitavam a análise lógica das proposições relacionais que dominam a matemática; isto é, as do tipo "A está à direita de B", "A precede ou sucede B". E não escapou a Vicente – ainda me lembro bem de uma nossa conversa – que havia na nova lógica como uma passagem do domínio do verbo ser para o verbo estar. Portanto, a língua inglesa seria insuficiente para descrever a nova situação, pois que necessitava recorrer a proposições apostas ao verbo, *is on* ou *is at*, enquanto, em português, nós dispúnhamos de um verbo exclusivo para a situação de relacionamento puro. Diz-se, por exemplo, "São Paulo está ao sul do Rio de Janeiro" e não "São Paulo é ao sul do Rio de Janeiro". E, portanto, somente em português seria possível uma separação nítida entre o relacionamento puro e a inclusão em classes. Consequentemente: "A é pai de B" não é um relacionamento puro. E Vicente empolgava-se com as operações sobre proposições relacionais, definidas por Russell e Whitehead, como algo de absolutamente novo e que viria a provocar o colapso completo de toda a filosofia anterior. Essa discussão se estendia pela complicada análise das relações em série, dos últimos capítulos dos *Principia*. Uma relação em série do tipo "A está à direita de B", "B está à direita de C" e "C está..." não parecia a Vicente do mesmo tipo que "A é sucessor de B", "B é sucessor de C" e "C é sucessor...". Parecia-lhe que a possibilidade de utilização do verbo *ser*, nas relações do segundo tipo, comprometia a pura relacionalidade serial do primeiro. Não sei se tudo isso não se reduzia a puro ardor de mocidade, sem um valor objetivo. Mas, se por um lado tudo aquilo não era senão um belo ardor de juventude, por outro, pelo menos no que sei, uma lógica do verbo *estar* ainda não foi feita; e, deveras, não o poderá nunca ser em língua inglesa ou alemã.

Logo depois da Primeira Guerra Mundial, um aluno de Russell, Ludwig Wittgenstein, publicou o seu *Tractatus logicus-philosophicus*, que introduziu nas questões lógicas o que Russell chamou de misticismo sintático. Sem dúvida, foi a partir desse livro que se constituiu o Círculo de Viena, não para segui-lo *pari passu*, mas para, na realidade, fugir ou superar o caminho de Wittgenstein. Vicente tomou conhecimento de Wittgenstein a partir de Russell, quando encontrou um comentário, num dos últimos capítulos da *Introdução à filosofia matemática*, onde ele diz não saber como definir tautologia e remete o leitor a uma estranha nota de rodapé:

> A importância da tautologia como definição das matemáticas foi assinalada pelo meu antigo aluno Ludwig Wittgenstein que trabalhou no problema. Não sei se o resolveu e nem mesmo se ele está vivo ou morto.

Essa inusitada nota, chamando a atenção para alguém que teria trabalhado no sentido de mostrar o caráter tautológico da matemática, seguida da expressão de indiferença pela sorte de quem o fizera, tocou profundamente Vicente. Era necessário encontrar Wittgenstein, pô-lo em vida e saber o que dizia ele sobre a tautologia matemática. Aliás, Vicente, na época, já estava convencido de que o formalismo matemático era uma tautologia, da qual não se podia escapar. O *Tractatus* foi publicado em 1921, e não foi difícil encontrar um exemplar em São Paulo por volta de 1936. E assim Vicente encontrou Wittgenstein, que o colocou, pela primeira vez, diante de uma filosofia da linguagem.

No seu primeiro livro, publicado em 1940, Vicente Ferreira da Silva cita Wittgenstein, dizendo:

> Todas as sentenças têm o mesmo valor. O sentido do mundo é exterior ao mundo. No mundo tudo é como é e acontece como acontece; nele, não há valor – e se o há, não tem valor. As sentenças não podem expressar nada "mais alto" (*Hoheres ausdrucken*).

Ora, isto soava aos ouvidos daquele jovem rebelde muito mais como uma acusação ao mundo moderno, destituído de valores, do que uma constatação lógica de que a totalidade dos fatos que constituem o mundo, como o quer Wittgenstein, é em si destituída de sentido e de valor. É preciso que se compreenda bem que a lógica e a teoria da linguagem no jovem Vicente são, antes de mais nada, armas de combate contra um mundo que não lhe agradava. Vivemos num mundo, pensava naquela época Vicente, constituído de fatos sem sentido e sem valor; nem verdadeiros nem falsos, eles somente podem ser tidos como válidos ou inválidos segundo a estrutura lógica das sentenças que os descrevem. Essa validade das sentenças era o que cumpria à lógica matemática analisar; mas ela, como o seu prolongamento científico, a matemática, não era senão tautológica. O mundo era um contínuo espelhar-se, espelho contra espelho, e jamais seria possível encontrar aquilo que realmente não fosse imagem. Pirandello tinha razão no seu interrogar incessante sobre si mesmo: *Uno, nessuno e centomila* éramos todos nós e também o mundo. A última sentença do *Tractatus* quase o paralisou: "O que não podemos falar devemos deixar em silêncio." Mas Vicente foi arrancado disso pela poesia: *Le silence est un pardon / Plus triste*, cita ele quase no final do seu primeiro livro. Viveu tão desesperadamente a secura do mundo da lógica que a própria lógica o conduziu ao mundo feérico do inarticulado – onde as palavras são forçadas a dizer o que não pode ser dito. Este mundo ele habitou desde então, enquanto viveu.

PARTE I

ELEMENTOS DE LÓGICA MATEMÁTICA*

* Publicado originalmente como: *Elementos de lógica matemática*. São Paulo, Cruzeiro do Sul, 1940, 116 p. (N. O.)

Introdução

Este livro desenvolve alguns tópicos importantes de uma nova ciência lógica, que já se impõe no ambiente filosófico dos grandes centros de cultura. Essa nova disciplina não é um produto independente e exterior à velha lógica aristotélica, mas sim representa uma nova sistematização e refundição dessa mesma lógica. Todos os capítulos segundo os quais a lógica clássica se achava dividida sofreram críticas, remodelações e ampliações. Tanto na teoria dos termos como na teoria das proposições e na teoria da argumentação, surgiram novos horizontes, desconhecidos nas cogitações dos lógicos do passado. Lógica matemática é o nome que designa essa nova lógica. Frisemos o fato de que a palavra matemática não implica, neste caso, a intromissão da matemática, comumente compreendida, no método desta disciplina, mas simplesmente sublinha a precisão e clareza com que são estabelecidas as verdades nesta nova fase do desenvolvimento da lógica.

Que há relações entre a lógica e a matemática já é uma verdade estabelecida, relações estas de ordem genética, pois a lógica constitui a primeira etapa na construção dedutiva da matemática.

Entretanto, a lógica matemática não procura estabelecer relações quantitativas ou métricas, que formam o fundo das matemáticas, mas visa unicamente esclarecer e estudar aqueles primeiros instrumentos da mente (termos, proposições etc.), usados em sua atividade universal.

A lógica clássica tinha igualmente por escopo a inteligência desses "instrumentos mentais", mas o espírito e os métodos da lógica moderna são inteiramente diversos.

Assim é que a lógica aristotélica partia de pressupostos metafísicos sobre a natureza do ser e da realidade, resultando daí esquemas lógicos deformados e arbitrários; a lógica era prisioneira de certas categorias. Com efeito, quem não percebe na forma lógica universal "sujeito-predicado" o reflexo de uma visão do mundo, na qual a realidade se resolvia em substâncias e atributos?

Destruir o quanto possível esses pressupostos metafísicos, não ter por diretriz, na confecção dos novos moldes e das novas leis, senão a experiência quotidiana, eis o espírito que domina a nova lógica.

Durante dois mil anos, mantendo-se inalterado o substrato metafísico da lógica tradicional, manteve-se esta igualmente inalterada. Mesmo Hegel, como bem frisa B. Russell,

> crítico da lógica tradicional, que ele pretende substituir por uma lógica pessoal mais perfeita, não faz senão, em um sentido, supor no curso de seu raciocínio, inconscientemente e sem crítica, essa mesma lógica tradicional.

Nos últimos sessenta anos, uma nova atmosfera veio rodear as pesquisas lógicas, sendo que esses sessenta anos foram mais frutuosos para a ciência do que os dois mil anos anteriores de marasmo e de discussões estéreis.

O traço mais característico da nova fase da lógica é a independência que esta disciplina guarda relativamente à filosofia. A lógica desenvolveu-se ultimamente como uma ciência autônoma, com objeto e métodos próprios, aspirando a verdades próprias.

Assim como a filosofia e a religião de um físico não intervêm em suas pesquisas científicas, a lógica não deve depender das opiniões do lógico sobre a natureza do universo.

Apesar disso, as verdades lógicas, depois de estabelecidas, podem ser utilizadas no esclarecimento de questões filosóficas e científicas, sendo esta, precisamente, a utilidade primordial da lógica. Apesar de a lógica não ser essa utilidade, isto é, apesar de a lógica não ser uma "arte de bem pensar", ela pode servir como uma "arte de bem pensar".

Olhando para esse lado prático da lógica foi que resolvemos introduzir no primeiro capítulo algumas aplicações da lógica no tratamento de problemas filosóficos; nesse capítulo veremos como, do simples estabelecimento do que entendemos por um juízo sintético ou descritivo, podemos deduzir as mais importantes conclusões sobre alguns problemas filosóficos de grande vulto. É evidente que no referente a essas aplicações transparece um fundo muito pessoal de opiniões e sentimentos.

Fica então claro que a matéria que exporemos adiante sobre a lógica moderna propriamente dita não tem qualquer ligação com o conteúdo filosófico do primeiro capítulo e de certas partes dos capítulos subsequentes. Em qualquer capítulo, o leitor poderá distinguir facilmente a exposição positiva das opiniões nitidamente pessoais.

Aqui, mister se faz um pequeno esclarecimento sobre as opiniões filosóficas exaradas no capítulo primeiro. Inicialmente, pretendemos negar a validez das investigações filosóficas sobre a moral teórica, isto é, a moral que deriva suas verdades de uma especulação sobre a natureza do bem e do mal em si. É a moral como a entendia Platão e como a entendem ainda hoje os escolásticos, a moral que atribui às coisas qualidades positivas e absolutas de bondade e de maldade. O bem e o mal existiriam nas ações humanas, de uma forma semelhante à das outras qualidades físicas. Contra essa conotação do termo moral é que argumentamos.

Mas a moral é encarada segundo outros pontos de vista: alguns filósofos consideram-na como uma higiene generalizada, outros a identificam com uma pesquisa positiva do que é útil e outros ainda julgam-na como uma investigação das condições necessárias para o estabelecimento de uma vida superior entre os homens.

Nesse mesmo capítulo, pretendemos, a seguir, refutar a teoria dos filósofos que sustentam a existência de uma finalidade imanente nos processos do mundo. É preciso notar que não intentamos negar a existência de fenômenos com características teleológicas, como, por exemplo, no reino da matéria viva. O que negamos é a explicação finalista dessas características.

Antes de concluir essa breve introdução, queremos deixar patente o fato de que a lógica moderna não apresenta o caráter de frio dogmatismo e secas fórmulas, que saturava a lógica tradicional, mas que, na sua qualidade de ciência, está livre de cristalizações e estabilizações definitivas.

As fórmulas que apresentamos e as verdades que apregoamos são meras aproximações, e não moldes eternos; a lógica é um movimento para alcançar esquemas mentais, cada vez mais próprios para a descrição da realidade. Esse, pelo menos, é o aspecto segundo o qual se nos apresenta a moderna ciência lógica.

Capítulo 1

A lógica como base da filosofia

Diversas ciências já pretenderam erigir-se como substância essencial das divagações filosóficas, como método único de pesquisa da verdade. O evolucionismo filosófico dá-nos um exemplo dessa tentativa de explicação unidimensional de todos os acontecimentos do universo. O psicologismo de Bergson é outro exemplo desse desejo de englobar, num só sistema, fatos provindos de todos os domínios da realidade.

Eis portanto que, apresentando-se a lógica como a quintessência da ciência filosófica, seríamos levados legitimamente à crença de que se trataria de mais uma dessas estéreis tentativas de retificar a tortuosa linha da realidade.

A posição da lógica, porém, é *sui generis* em relação às outras ciências; as pesquisas realizadas nestes últimos cinquenta anos, pelos filósofos mais eminentes, fizeram ressaltar o papel central e onipresente da lógica em todas as questões filosóficas. Não se trata, pois, de mais um sistema levantado por algum êmulo de Spencer ou de Bergson, mas sim de um trabalho titânico, empreendido por intelectuais como Bertrand Russell, Hans Hahn, Moritz Schlick e Carnap, trabalho paciente e detalhado, sem as pretensões dos sistemas que tudo resolvem.

Quando nos referimos à lógica que deve constituir o abc da pesquisa filosófica, não queremos conotar com esse termo aquele agregado de magras fórmulas da lógica aristotélica; a lógica, manancial das futuras vitórias do conhecimento, será uma ciência viva e progressiva.

Nada melhor, para apreciarmos o alcance das investigações lógicas na elucidação de problemas complexos, do que alguns casos concretos em que esse trabalho de análise produz frutos imediatos.

No exemplo que escolhemos, o escopo de nossa argumentação é demonstrar que a ética não pode constituir matéria de investigação científica e que os argumentos dos finalistas são inválidos. Como aduzimos provas unicamente lógicas, antes de entrar no assunto central faremos uma digressão, expondo o ponto de vista do Círculo de Viena sobre a aplicação das modalidades "verdade" e "falsidade" às proposições.

O bom senso é concorde em que uma proposição é verdadeira quando traduz um fato existente, real, e falsa em caso contrário. Assim, se dizemos "está chovendo" e esta asserção é verificada, trata-se evidentemente de uma asserção verdadeira.

A verificação de um enunciado é, portanto, um processo que possuímos para decidir se uma proposição é verdadeira ou falsa. Acontece, porém, que nem sempre uma asserção pode ser verificada diretamente, como no caso acima apresentado, pelo fato de não existir percepção que resolva imediatamente o caso, por verdade ou falsidade. O processo de verificação que adotamos nessa circunstância é o que podemos chamar de verificação indireta: apesar da impossibilidade de verificar P diretamente, é-nos dado verificar diretamente proposições deduzidas de P. Neste caso, P entra com outras proposições, que já sabemos verdadeiras, na constituição das premissas, de onde deduziremos uma proposição p testificável diretamente, seguindo-se que P é verdadeira.

Um exemplo tornará explícito o método: "Levanto-me pela manhã e noto que o quintal de minha casa está molhado." Formulo uma asserção que não pode ser diretamente verificada: "choveu durante a noite". Eis então os trâmites que sigo, para decidir a verdade ou falsidade do meu juízo:

P – Choveu durante a noite. (Juízo que devo alicerçar).

p_1 – Mas, se choveu esta noite, não só o meu quintal deve estar molhado, como também o quintal do meu vizinho e a rua. (Proposição que sei verdadeira).

p_2 – O quintal do meu vizinho está molhado. (Proposição diretamente verificável).

p_3 – A rua está molhada. (Proposição diretamente verificável).

Conclusão: P é verdadeira.

O método, como vemos, consiste essencialmente em, baseando-nos em P, fazer previsões que se realizam; queremos afirmar P, mas P não é verificável diretamente; então deduzimos de P outra proposição p, que o comportamento das coisas pode sancionar ou não.

(1) De P segue-se p; mas p... logo P.

A linha que seguimos não está assente em nenhuma lei lógica; o resultado que obtemos nos dá apenas uma probabilidade e não a certeza.

Com efeito, supondo que a classe *homem* não é vazia, podemos escrever: de "Todos os homens são sábios" (a) segue-se que "Alguns homens são sábios" (b).

A proposição (b) é evidentemente verdadeira; logo, se o esquema (1) constituísse uma lei formal, seríamos levados à afirmação de (a), o que seria um absurdo.

Apesar de nunca podermos chegar a uma certeza no caso de verificação indireta, à medida que as consequências (verificadas) da hipótese vão se tornando mais numerosas, esta vai ganhando, cada vez mais, os direitos da cidadania no campo da ciência.

Eis então os dois processos que possuímos para orientarnos no conhecimento da realidade: ou um enunciado é imediatamente constatável, sobre objetos perceptíveis, ou, em caso contrário, é possível deduzir dele consequências que são por sua vez verificáveis sobre objetos perceptíveis. Carrel assim se exprime sobre o assunto, em seu livro *L'homme, cet inconnu*:

> Os conceitos que se relacionam a coisas colocadas fora do campo da experiência são, segundo Bridgman, desprovidos de sentido. Da mesma forma, um problema não possui nenhuma significação, se for impossível encontrar as operações que permitiriam dar-lhe uma resposta. A precisão de um conceito qualquer depende da precisão das operações que permitem adquiri-lo.

Fora dessa esfera de regras, tudo é possível; qualquer juízo, por mais absurdo que se apresente, poderá ser mantido. Que sentido poderíamos emprestar a um enunciado sobre o qual não possuíssemos qualquer aparelhamento de controle? Sem um juiz equitativo, como saber a verdade da causa?

Uma asserção sintética para a qual, no caso de sua afirmação ou negação, o Universo permaneça indiferente não vincula nenhum sentido, constituindo um simples alinhamento de símbolos.

Isso não implica, no entanto, que a asserção não apresente uma forma gramatical semelhante à das asserções reais, sugerindo-nos imagens e sentimentos. Mas, como é sabido, não existe limite à faculdade combinatória de nossa fantasia, e se nos baseássemos, no concernente ao sentido dos juízos, nos produtos de nossa imaginação, perderíamos qualquer critério de distinção.

Por outro lado, enunciados sobre os quais não podemos fazer qualquer imagem representativa podem ser verdadeiros. Sobre esse último caso, assim comenta Carnap no seu opúsculo *Philosophy and logical syntax*:

> Podemos não ter imagem alguma atual do campo eletromagnético, nem mesmo direi do campo gravitacional. Contudo, as proposições que os físicos apresentam sobre esses campos têm um sentido real, porquanto proposições perceptíveis são deduzíveis delas.

Findas essas considerações, tratemos de encarar o problema que tínhamos em vista. Pretendemos demonstrar, pelos métodos que a lógica nos fornece, que a ética não pode constituir matéria de investigação científica. Refiro-me, naturalmente, à ética quando em mão de certos pensadores que a encaram como uma ciência, a ciência do bem e do mal.

Assim considerada, essa disciplina deve, então, constar de um certo número de normas e juízos de valor, cuja veracidade se patenteará ao homem que se der ao trabalho de um estudo paciente.

De fato, segundo esses pensadores, um juízo de valor, como uma proposição de qualquer outra ciência, pode ser verdadeiro ou falso, por meio de raciocínios.

Detenhamo-nos na análise de uma particular asserção ética: "lesar o próximo é um mal". Podemos ver imediatamente que há uma norma imperativa correspondente, que diz: "não deveis lesar o próximo".

E assim notaremos que a cada juízo de valor corresponde um imperativo de conduta e vice-versa.

A forma imperativa da norma faz com que ela não seja passível das modalidades verdade ou falsidade, pois um imperativo é a manifestação de um desejo, de uma vontade, e um desejo não pode ser verdadeiro ou falso.

Que diremos do juízo de valor correspondente à norma imperativa? Não será esse juízo uma expressão do mesmo desejo da norma, sob uma forma gramatical diversa?

Os enunciados tais como o que escolhemos para exemplo (*lesar o próximo é um mal*) têm o feitio de asserções, mas apenas o feitio, pois não apresentam sentido teórico controlável.

Um juízo de valor não versa sobre objetos perceptíveis e nada de perceptível podemos deduzir dele.

Passamos da regra imperativa ao juízo de valor, pela adjunção de uma etiqueta modal à expressão da ação que é apresentada. No caso dos juízos morais, às proibições corresponde a etiqueta *mal* e aos imperativos positivos corresponde a etiqueta *bem*.

A humanidade plasmou os seus ditames de conduta em forma gramatical idêntica à de seus enunciados representativos e eis que durante séculos os mais ilustres pensadores se viram transviados.

As religiões, apregoando a verdade dos seus sistemas morais e queimando os que deles duvidavam, estavam longe de supor que não queimavam homens com ideias e conhecimentos diferentes dos seus, mas sim com disposições e vontades diversas.

A ética é uma questão de gosto, de desejo, e não de conhecimento representativo.

O mesmo podemos dizer em relação às pretensas investigações em torno do belo.

Wittgenstein no seu célebre livro *Logisch-Philosophische Abhandlung* assim escreve sobre a ética e a estética:

> Todas as sentenças têm o mesmo valor. O sentido do mundo é exterior ao mundo. No mundo tudo é como é e acontece como acontece; nele, não há valor – e se o há, não tem valor. As sentenças não podem expressar nada "mais alto" (*Hoheres ausdrucken*).

Consideremos os três pares de modalidades: bem-mal, belo-feio, verdade-falsidade. Se os lógicos não tivessem delimitado o domínio de aplicação do último par (verdade-falsidade), este ocuparia uma posição equipolente aos outros dois pares, servindo apenas para expressar que certos enunciados são desejados, em detrimento de outros.

Passemos agora ao segundo problema que nos propusemos analisar: queremos mostrar a invalidez da argumentação dos finalistas relativamente à questão da finalidade do Universo e das coisas.

Exibirá o Universo um plano? Não estará se desenvolvendo segundo certas direções intrinsecamente projetadas?

Os finalistas alinham suas ponderações: se não admitirmos uma força quase mental, que está imersa no tecido vivo, como explicar essa evolução (ascendente), que transformou a ameba em homem? Se tudo fosse apenas o resultado de um jogo de processos físicos, o homem não passaria de uma entre milhares de configurações que a matéria poderia ter tomado!

E ainda mais: a série de etapas que elevou a vida ao nível humano poderia sem impossibilidade (pois que tudo é acidental) desenrolar-se em sentido inverso, de maneira que o filho remoto do homem viesse a ser uma ameba! Que curva desoladora!

A fim de negar essas possibilidades é que os finalistas pretendem descobrir um desígnio nos fenômenos da natureza, e principalmente nos fenômenos vitais, uma espécie de vontade plasmadora do futuro dos processos.

São essas asserções que focalizaremos à luz dos métodos lógicos. A opinião dos logicistas, podemos adiantar desde já, é que tais proposições não apresentam nenhum sentido definido, constituindo meras combinações de sons ou sinais.

Se houvesse uma adaptação teleológica com um certo desígnio imanente nos acontecimentos, somente por um processo de interpretação é que poderíamos descobri-la.

Os fatos são como são e nada revelam de superior a si próprios.

Um juízo de percepção pode informar-nos que a tem a propriedade b, ou que a e b estão numa relação aRb, nada mais.

As proposições dos finalistas são de natureza hipotética, pois que para explicar um dado estado de coisas eles organizam uma teoria, em que além das forças da natureza entram em ação outros agentes.

Apresentando um contexto de fenômenos, que de acordo com os finalistas manifestam uma adaptação teleológica, qual o traço característico da consecução de um plano? Como distinguir a "presença" da "ausência" de um desígnio?

Se quisermos, desde logo, arrasar as construções finalistas, basta atermo-nos à última dessas interrogações.

Para iniciar a nossa argumentação, tomemos a conhecida consideração de Leibniz acerca dos mundos possíveis, dos quais só um é real.

Um dos mundos possíveis e que no entanto não se realizou seria, por exemplo, aquele em que, neste momento, em vez de pronunciar a palavra "Cleópatra", eu tivesse pronunciado a palavra "Júlio César". Um mundo a seria diverso de um mundo b, quando o panorama fenomenológico de a, num mesmo volume de espaço-tempo, fosse diverso do de b.

Consideremos então um desses Universos; chamemo-lo A. Suponhamos ainda que A se desenvolve segundo um plano orientador, sendo cada série causal controlada por um agente diafísico de natureza intermédia entre a matéria e a mente (segundo a concepção dos finalistas).

Por outro lado, escolhamos na urna dos mundos possíveis outro Cosmos hipotético, que esteja entregue unicamente ao jogo das leis naturais e ao mero jogo das leis de probabilidades, e que, até o momento atual, se tenha mantido a imagem especular de A. Chamemos a esse outro mundo A'. Dessa forma, a cada acontecimento de A corresponderá um acontecimento semelhante em A', e vice-versa. O tecido dos dois mundos é idêntico, não existindo em A fatos a mais do que em A'. Se em A Luís XVI foi degolado, em A' Luís XVI' foi degolado etc.

A questão então se apresenta: como distinguir o mundo A do mundo A'? Até o momento atual um mundo é a imagem do outro; se os baralharmos, qual o traço que nos permitirá encontrar de novo *A*?

Tal é o caso do nosso mundo: será o nosso mundo atual um mundo *A* ou *A'*?

Eis uma questão que os objetos perceptíveis não podem revelar-nos, sendo que todas as proposições que enunciamos nesse campo não possuem sentido teórico controlável. Apesar de estarmos orgulhosos de poder distinguir, num caso concreto, o que vem a ser "presença" e o que vem a ser "ausência" de desígnio, podemos constatar a inanidade de todo o nosso esforço, no problema que analisamos. O Universo permanece silencioso, não podendo responder a essa classe de interrogações.

Para os filósofos do Círculo de Viena, não existem problemas que transcendam os limites da razão, sendo que todo problema bem posto admite solução. Assim é que a maioria dos quebra-cabeças filosóficos são considerados por eles pseudoproblemas, despidos de qualquer significação.

Capítulo 2

A nova doutrina do termo

Estudo sumário das descrições

No capítulo anterior, expusemos algumas ideias filosóficas do Círculo de Viena. Vimos que para os filósofos dessa escola, a filosofia se resume a uma clarificação dos nossos pensamentos e conceitos. Esses pensadores procuram examinar com atenção as formulações das questões filosóficas e inquirir, com um rigor lógico, o que essas questões pretendem significar.

Essa posição crítica do grupo de Viena liga-se casualmente, como bem frisou Moritz Schlick, com a tradição socrática.

Lembremo-nos que era justamente essa a ação filosófica de Sócrates: ele propunha continuamente aos seus interlocutores que lhe precisassem o significado dos termos em discussão e esclarecessem o sentido dos juízos exarados (*Fédon*).

Antes que seja possível uma discussão sensata, mister se faz construir uma base comum de entendimento, uma linguagem uniforme que seja compreendida por ambos os interlocutores. O filósofo deve, a cada passo, procurar que sejam definidos os termos e elucidados os sentidos dos enunciados. É inútil procurar um acordo quando a própria maneira de comunicação causa dissensões.

Sócrates lançou pela eternidade uma alta lição a todos os que se interessam pelas coisas do espírito: o amor à precisão da linguagem, à exata compreensão do valor dos vocábulos.

Quem não disciplinar o espírito sob o jugo dessa tradição poderá produzir muito e variado, mas com toda a certeza essa produção estará impregnada do caos e da desordem dos que negligenciam o papel proeminente do Logos.

A linguagem é um aparelhamento cheio de peias, e quem não tiver a ciência de sua estrutura e fim cairá fatalmente em suas armadilhas.

Eis, então, o motivo da importância do estudo da lógica. Nesta, sob um ponto de vista especial, o raciocínio estuda o raciocínio, desvenda-lhe os mistérios, analisa-lhe as partes; a definição é definida, ajuiza-se sobre os juízos.

A mente, pouco a pouco, vai tomando consciência do seu funcionamento formal; as relações que ligam as proposições, e que tornam possível a inferência, são trazidas à luz do entendimento; todas as formas de dedução são rigorosamente estudadas. E o que é mais, as falácias, isto é, os argumentos aparentemente válidos, mas que encerram vícios lógicos, são catalogados e detidamente examinados, para que o estudioso se acostume a distingui-los das inferências genuínas.

Frisamos, porém, que a lógica investiga o raciocínio de um ponto de vista distinto do da psicologia; para esta última, o importante são os estados de consciência que constituem o pensamento. À lógica não interessa esse fluxo de estados conscientes, mas sim as leis de coerência e compatibilidade dos modos de expressão do raciocínio.

Para o lógico, um juízo não é interessante como grupo de imagens ou percepções, mas sim como seriação de vocábulos de determinadas espécies, guardando entre si certas relações.

Uma vez determinada a importância e a posição do estudo da lógica, passemos à teoria dos termos.

O tratamento que os lógicos clássicos davam à teoria dos termos, e que aliás é o que aparece em todos os compêndios de lógica publicados em português, apresenta-se completamente defeituoso.

Considerações de ordem psicológica, epistemológica e, portanto, elementos extralógicos, são introduzidos a cada passo, como partes constituintes da teoria.

O ponto de vista atual é estritamente formal, excluídos os apêndices extralinguísticos. Mas passemos à teoria.

Os argumentos, raciocínios ou exposições compõem-se de asserções; estas são, pois, os átomos de que se compõe o discurso.

Tomemos por exemplo o seguinte trecho: "A manhã estava linda, levantei-me cedo e fui à cidade". Podemos distinguir neste trecho três asserções. O fato complexo que enunciamos se decompõe em três fatos elementares, cada um dos quais veinculado numa proposição.

Dissemos que as asserções são os átomos do discurso. Pois bem, da mesma forma que os átomos não são a unidade última da matéria, as proposições não constituem os elementos últimos do discurso. As proposições admitem também uma análise.

Assim, a asserção "A manhã estava linda" pode ser decomposta em um sujeito (*a manhã*) e um predicado (*estava linda*).

A todas as sentenças que podem ser analisadas em um sujeito e um predicado nós chamamos proposições sujeito-predicado, e sua fórmula geral se escreve: *S é P*.

Os lógicos costumam dar o nome de *termo* à palavra ou conjunto de palavras que simbolizam quer o sujeito, quer o predicado de uma asserção. É evidente que um enunciado da forma *S é P* consta de dois termos.

A palavra *termo* vem do latim *terminus* que significa *fim*, pois os termos são o resultado, o fim do trabalho de análise do discurso.

Hobbes deu a seguinte definição de *termo*, definição esta que já se tornou clássica:

> termo é uma palavra convencionada para simbolizar um pensamento idêntico a outro que já tivemos, e que uma vez pronunciado por outros serve de índice do pensamento que o interlocutor tem em mente.

Essa definição pode servir para fins didáticos, elementares, mas traz muitos elementos psicológicos, além de ser defeituosa.

Uma definição de *termo* que sirva para fins da lógica formal deve prescindir de qualquer referência extralinguística.

Para o lógico, os termos são simplesmente símbolos, que desempenham na sentença a função substantiva ou a função atributiva.

Se adotássemos a definição de Hobbes, à expressão "círculo quadrado", por exemplo, deveria corresponder um objeto do pensamento, para que "círculo quadrado" fosse termo de uma proposição como a seguinte:

(1) O círculo quadrado não existe.

Mas se houvesse de fato um objeto de pensamento "círculo quadrado", não se compreenderia como a proposição (1) pudesse ser verdadeira...

Termos são, pois, grupos de palavras que desempenham determinadas funções dentro da proposição.

A forma *S é P* é constituída por um termo *S*, com função substantiva, e por um termo *P*, com função atributiva.

A lógica clássica afirma que todas as proposições constam somente de dois termos, ou melhor, que todas as asserções podem ser reduzidas à forma *S é P*. Tal afirmação, porém, é totalmente falsa.

Assim é que a lógica moderna chegou à consideração de proposições que têm dois ou mais termos, exercendo a função substantiva: as proposições relacionais. Exemplos: *a precede b,* João *é pai de* Antônio, Brutus *matou* César etc.

Todos esses enunciados apresentam dois sujeitos, ou dois termos com a função substantiva, respectivamente (a, b), (João, Antônio), (Brutus, César), e um termo com função atributiva ou relacional, que são respectivamente as relações "precede", "é pai de" e "matou".

A fórmula geral desses enunciados relacionais escreve-se da seguinte maneira: xRy ou R(x,y).

A teoria das relações que podemos derivar dessas considerações e a distinção que acabamos de apontar entre as fórmulas *S é P* e xRy constituem uma vitória incontestável da lógica moderna.

Depois de precisar o que vem a ser um *termo*, os tratados da lógica clássica costumavam trazer uma lista dos gêneros, segundo os quais nós podemos catalogar os termos. Assim, estes são classificados em abstratos ou concretos, genéricos ou singulares, positivos ou negativos etc.

Podemos afirmar que, em geral, essas considerações psicológicas ou epistemológicas dos termos são indiferentes à lógica formal; a lógica se interessa pelas inferências formais, sendo indiferente, para ela, o conteúdo particular dos termos ou das proposições. Assim, das asserções "A virtude é bela" e "Esta casa é bela", que têm a mesma forma lógica, nada de logicamente importante se segue pelo fato de que numa asserção o sujeito é abstrato e na outra, concreto.

Em todo o caso, uma distinção importante do ponto de vista simbólico é a divisão das palavras em *categoremáticas* e *sincategoremáticas*.

Uma palavra ou complexo de palavras são categoremáticos quando isolados, isto é, quando, sem entrar como parte em outra expressão, podem exercer a função substantiva ou atributiva. Na sentença "Esta casa é bela", *esta casa* é uma expressão categoremática, o mesmo acontecendo com *é bela*.

Por outro lado, uma palavra ou complexo de palavras são sincategoremáticos quando necessitam do auxílio de outros vocábulos para ser sujeito ou predicado.

A distinção que apontamos não é uma distinção entre termos, apesar de esta matéria figurar geralmente nos livros de lógica, no capítulo referente aos termos. Trata-se tão somente de uma divisão de palavras; estas sim podem ser categoremáticas ou sincategoremáticas. Um termo jamais poderia ser sincategoremático.

Outra matéria que sempre vem exposta nos tratados, no capítulo dos termos, é a ideia de "universo do discurso".

Essa concepção foi introduzida na lógica por Augusto de Morgan (1806-1878), tendo tomado, com o tempo, uma significação diferente da exposta pelo Autor.

Eis a definição de "universo do discurso" segundo De Morgan:

> Se nós nos recordamos de que, em muitas proposições, a área do pensamento em exame é menos extensa do que todo o universo, comumente entendido, notaremos que a área total do assunto sob discussão é, para o fim da discussão, o que eu chamo um universo, isto é, um volume de ideias que é compreendido como contendo *toda* a matéria sob discussão.

Tomemos para exemplo um par de termos contrários, como *homem* e *não-homem*. É claro que no interior desses dois termos está compreendido tudo de real ou imaginável no universo; *não-homem* pode ser predicado de uma mesa, de uma montanha, enfim, de toda a classe de objetos exteriores a *homem*.

O que De Morgan quis significar com a ideia de "universo do discurso" é o seguinte: uma atmosfera, dentro da qual se encontrassem imersos todos os objetos sobre os quais uma discussão de determinado assunto poderia versar. De Morgan achava que essa atmosfera coincidia exatamente com a área de significado de dois termos contrários quaisquer. Esses dois termos contrários dividiriam entre si a ideia total sob discussão, ou o "universo do discurso" relativo ao assunto.

Dessa maneira, não haveria um só universo, mas um número indefinido deles. "Homem" e "não-homem" combinados comporiam o "universo do discurso" da vida animal; "número natural" e "número não-natural" comporiam o "universo do discurso" dos números etc.

Talvez em razão da falta de precisão das expressões do próprio De Morgan, a acepção de "universo do discurso" foi modificada por outros lógicos.

Alguns começaram a entender por essa ideia "o domínio total dos conceitos, dentro do qual um discurso se move", e, além disso, chegaram à afirmação de que a cada universo corresponderia uma maneira própria de existir.

Dessa maneira, Júpiter, que existe no universo da mitologia grega, não existiria no "universo do discurso" do mundo físico.

Essas formas diferentes de existir, introduzidas por certos pensadores, são de uma puerilidade total, levando-nos a conclusões absurdas.

Se entendermos por "universo do discurso" a área total dentro da qual nossa linguagem pode espraiar-se, então, só há um "universo do discurso", que é o universo da experiência vivida. Assim, neste universo, Júpiter só existiria como objeto do pensamento, como grupo de imagens e sentimentos.

Essa deve ser, pelo menos, a opinião daqueles que têm o "sentido robusto da realidade", na expressão de B. Russell.

Detenhamo-nos agora num assunto de capital importância, mas cuja compreensão total exige o emprego de tecnicismos da lógica matemática. Em todo o caso, procuraremos expor o assunto em linhas gerais, prescindindo do algoritmo logístico.

A lógica clássica manteve-se alheia a tal assunto. Todo o corpo dessa disciplina foi elaborado por Bertrand Russell, encontrando-se no *Principia mathematica* a exposição completa da matéria.

Consideremos inicialmente a proposição "Esta mesa é de madeira", na qual o sujeito entra como um elemento constitutivo do fato. A expressão *esta mesa* é nome de alguma coisa, e retrata uma peça do fato que procuramos exprimir.

Tal não se dá no caso de uma proposição como "O homem do período primário não existe". É evidente que tal proposição é verdadeira, mas nós não podemos considerá-la como negando a existência de um certo objeto (no nosso exemplo, o homem do período primário), pois se houvesse tal objeto, ele existiria.

Como diz B. Russell,

> nós não podemos começar supondo a existência de um certo objeto, para proceder depois à sua negação. Quando o sujeito gramatical de uma proposição não pode ser suposto como existente, sem tornar a proposição sem sentido, é claro que o sujeito gramatical não é um nome ou termo, no sentido corrente, isto é, um símbolo que representa algum objeto.

Nesse caso, o agrupamento de palavras que funciona como sujeito só tem sentido no contexto da proposição, não podendo ser considerado isoladamente. Apesar de esse agrupamento de palavras dar-nos, no caso geral, a noção de um objeto real funcionando no fato como suporte de propriedades, uma análise inteligente dessas proposições nos mostrará a natureza errônea da nossa crença.

Julgamos necessária agora uma digressão que esclarecerá melhor o assunto.

Em geral, podemos dizer que há duas maneiras distintas segundo as quais podemos conhecer um objeto: 1) podemos conhecer um ente por ter ele estado dentro da esfera de apreensão dos nossos sensórios: esse é o conhecimento direto, ou por experiência. Dessa maneira é que conhecemos um particular aspecto visual desta sala, ou uma particular sensação de tato; 2) podemos também considerar conhecido um objeto quando sabemos ser ele possuidor destas ou daquelas propriedades, apesar de não termos dele um conhecimento direto. Conhecidas essas propriedades, e tomando-as como ponto de apoio gnoseológico, somos levados a um determinado centro de cristalização, onde essas propriedades parecem pousar. É por esse processo que conhecemos "o centro da terra", "o homem que traiu Jesus", "César" etc.

Consideramos "César", por exemplo, como "o homem que foi morto por Brutus", "o homem que pronunciou a frase: *Alea jacta est*" etc.

As propriedades contidas nessas frases e todas as demais que existem nos livros de História se agrupam e se organizam, convergindo para uma certa região, onde vão definir um certo ente, como centro de cristalização desses predicados.

A maioria dos conhecimentos que possuímos é desta natureza, por *referência* ou *descrição*.

Terminadas essas considerações, voltemos ao caso em questão: "O homem do período primário não existe."

Como se depreende da digressão acima feita, o conhecimento que possuímos do homem do período primário é puramente descricional.

Quando pronunciamos o agregado de palavras "o homem do período primário", temos em mente um número maior ou menor de qualidades e não um objeto real.

A proposição apresentada versa pois sobre propriedades e não sobre coisas, afirmando que esse agregado de qualidades é não-objetual.

Podemos ver, então, o erro em que incorremos, quando consideramos proposições como a que apresentamos como objetuais (versando sobre objetos).

Uma vez isolado o sujeito da proposição, podemos constatar o seu caráter meramente substantivo dentro da proposição, fora da qual, no caso geral, nada representa.

Capítulo 3

A teoria das proposições atômicas

A forma S é P e a forma xRy

No capítulo anterior, detivemos nossa atenção no exame dos elementos integrantes das asserções – os termos. Examinamos também certos elementos que exercem da mesma forma que os termos a função substantiva dentro do ambiente proposicional, mas que não podem ser isolados do contexto da asserção: as *descrições*.

Não deixamos também de esboçar uma primeira noção do novo sistema de conceitos, que arejou a arcaica teoria dos juízos.

No presente capítulo, procuraremos tecer considerações mais amplas em torno da teoria das proposições, sistema que sofreu os mais benéficos influxos da nova ordem de ideias que se implantou na ciência lógica.

Em geral, uma proposição é um agregado de palavras ou símbolos, que veicula a *verdade* ou a *falsidade*.

Apresenta a *verdade* quando retrata um fato que tem lugar no cenário da Natureza, e a *falsidade*, em caso contrário.

Mas as proposições não são meras justaposições de palavras, disposições amorfas de sons ou sinais; elas são articuladas, apresentando uma certa estrutura.

Como já expusemos anteriormente, alguns juízos admitem uma análise em duas partes: uma, que denominamos *sujeito*, e outra, que chamamos *predicado*.

Outros enunciados podem ser decompostos em três partes, a saber, dois sujeitos e uma relação (Proposições Relacionais).

Essas porções de que se compõem as asserções se entrosam no tecido do enunciado, espelhando os elementos do fato que este procura traduzir.

O que a proposição veicula é o fato. E o fato é tudo o que pode ser expresso via proposição.

A sentença "Este quadro é negro" é uma proposição, sendo que a "cor negra" do quadro é o fato que ela traduz.

Assim, em geral, um enunciado da forma S é P faz compreender que uma entidade qualquer S tem uma propriedade P.

A forma S é P encontra a sua justificação pela particularidade de, na Natureza, existirem fatos que podem ser decompostos em entidades com atributos; se não houvesse acontecimentos passíveis dessa análise, nunca apareceria no palco da lógica essa maneira de expressão.

As formas lógicas atômicas são contingentes; nascem sob o influxo e a solicitação dos fenômenos, não retratando, pois, alguma forma de *ser*, própria da mente.

Acontece que a Natureza apresenta ocorrências que admitem outra classe de análise, sendo justamente uma das maiores falhas da lógica tradicional o fato de não ter dado conta dessa outra estrutura proposicional.

Por exemplo, o acontecimento "a África é maior do que a Austrália" encontra a sua justa expressão numa forma lógica, em que há um elemento simbolizando "Austrália" e um símbolo que representa a relação de tamanho que afirmamos: "é maior que".

Como diz B. Russell, "o universo consiste de objetos tendo várias qualidades, *e mantendo entre si várias relações*".

Os acontecimentos que manifestam relações devem ter sua justa representação num enunciado relacional, e esse enunciado deve ser tratado como tal.

Às relações que vêm expressas em proposições nas quais existem somente dois termos representando coisas ou entes nós denominamos *relações diádicas*; assim, "é maior que", "é marido de" são relações diádicas.

Como já dissemos anteriormente, podemos escrever a fórmula geral das asserções relacionais diádicas da seguinte maneira: xRy ou R(x,y), sendo *x* e *y* os símbolos das duas entidades que figuram na relação *R*.

Mas não existem apenas relações diádicas; há ocorrências em que estão implicadas três entidades, outras em que estão implicadas quatro etc.

Assim, nos seguintes fatos: "*A* quer que *B* case com *C*", "*A* está entre *B* e *C*", notamos três sujeitos (*A*, *B*, *C*) e um elo que os unifica num certo enunciado, numa certa proposição.

Em outras ocorrências, analisamos quatro elementos, entre os quais é vigente uma certa relação. Por ex.: "*v* quer que *x* auxilie *y* no combate a *z*". Este juízo versa sobre os quatro sujeitos (*v, x, y, z*).

Às relações com três e quatro sujeitos chamamos respectivamente *triádicas* e *tetrádicas*.

É claro que nada impede que subamos à consideração de asserções com cinco, seis... *n* sujeitos.

A notação R( ) é mais cômoda no caso de enunciados com mais de dois sujeitos. Então, podemos escrever $R(x_1, x_2, x_3)$, $R(x_1, x_2, x_3, x_4)$, $R(x_1, x_2, x_3, x_4... x_n)$ para a fórmula geral dos enunciados relacionais triádicos, tetrádicos... eneádicos.

Aos enunciados que versam sobre fatos imediatos de experiência, que são juízos sobre percepções, traduzindo-os imediatamente, nós damos o nome de *proposições atômicas*. Aos fatos correspondentes às proposições atômicas chamamos *fatos atômicos*.

São atômicas, por exemplo, as asserções: "Isto é preto", "*a* dista 5 m de *b*". Aos fatos concretos que essas asserções declaram damos o nome de fatos atômicos.

Como vemos, há fatos atômicos constituídos por um ente que tem uma dada propriedade e que devem naturalmente ser expressos numa asserção da forma *S é P*, ou P(s) (1º exemplo).

Outros fatos atômicos expressam uma relação qualquer, encontrando sua simbolização numa forma relacional (2º exemplo).

Note-se que as proposições atômicas são simbolizadas, em geral, por letras, tais como *p, q, r* etc.

Estudaremos, agora, algumas propriedades importantes de uma noção que podemos derivar do conceito de forma relacional: é a noção de relação.

Dada a forma relacional xRy, é fácil ver que se a relação é vigente entre *x* e *y*, existirá sempre uma relação $\overline{R}$, vigente entre *y* e *x*, inversa à relação *R*.

Por exemplo: se "*a* é marido de *b*", segue-se que "*b* é mulher de *a*"; como vemos, à relação direta "ser marido" corresponde a relação inversa "ser mulher". Se "*x* precede *y*", podemos deduzir imediatamente que "*y* sucede *x*".

Afinal, cada relação *R* tem uma inversa, que escreveremos $\overline{R}$, e tal que, se xRy, podemos pôr y$\overline{R}$x.

Em geral, uma relação *R* e sua inversa $\overline{R}$ são diferentes, isto é, expressam fatos nitidamente diferentes; mas pode acontecer, em casos particulares, que *R* seja igual a $\overline{R}$.

Como exemplo desse último caso, podemos citar a relação "é diferente de", pois se "*x* é diferente de *y*", segue-se que "*y* é diferente de *x*".

Nesse caso, quando R=$\overline{R}$, R é chamada de uma relação *simétrica*.

Se a relação direta *R* é diferente da sua inversa $\overline{R}$, nós dizemos que *R* é *assimétrica*.

Passemos agora a uma outra propriedade das relações. Se do fato de xRy e yRz seguir-se que xRz, nós dizemos que *R* é uma relação *transitiva*.

Assim, de x>y e y>z podemos deduzir que x>z. Então > (maior que) é uma relação transitiva.

Chamamos, em caso contrário, uma relação de *intransitiva* quando de xRy e yRz não se seguir que xRz. "É pai de", "é diferente de" são exemplos de relações intransitivas.

Uma relação, pois, pode ser simétrica, assimétrica, transitiva e intransitiva, sendo que essas propriedades são independentes.

As propriedades das relações têm a sua importância, mesmo fora do campo da matemática, na lógica pura.

Muitos argumentos, em que as premissas são proposições relacionais, dependem, para a sua validade, das propriedades das relações envolvidas.

Consideremos o argumento assilogístico:

$$A>B \text{ e } B>C \rightarrow A>C$$

A conexão entre a conclusão e as premissas depende do fato de > (maior que) ser uma relação transitiva. Para uma relação intransitiva, como "é amigo de", o raciocínio não é mais válido.

De "*A* é amigo de *B*" e "*B* é amigo de *C*", não se segue que "*A* é amigo de *C*".

A transitividade da relação envolvida é a condição necessária para a validade da inferência.

Esses argumentos, em que as premissas contêm relações transitivas, têm o nome de argumentos *a fortiori*.

Como diz Miss Stebbing, essas categorias de inferências constituíam verdadeiros "quebra-cabeças" para os lógicos clássicos, pois eles, desconhecendo o papel das relações, eram incapazes de dar conta de sua existência.

Numa expressão xRy, é costume dar a x o nome de *referente* e a y, o nome de *relatum*.

Como uma relação deve ter ao menos dois termos, referente e *relatum* são, pois, condições existenciais de uma relação.

Chama-se *domínio* de uma relação (D'R) o conjunto de todos os termos que são referentes dentro da relação.

Tomemos por exemplo a expressão "*x* é marido de *y*"; nesse caso, o *domínio* da relação envolveria a coleção de todos os *x*, isto é, todos os homens que são maridos.

Chama-se, por outro lado, *condomínio* de uma relação (B'R) o conjunto de todos os termos que são *relatum* dentro da referida relação. Na expressão que tomamos para exemplo, "*x* é marido de *y*", o condomínio é constituído por todos os *y*, isto é, por todas as mulheres que são esposas.

À coleção constituída pela soma do domínio com o condomínio de *R* nós damos o nome de *campo de relação* (C'R=D'R+B'R).

Podemos ver, sem dificuldade, que o domínio de uma relação *R* é idêntico ao condomínio de sua inversa $\overline{R}$ e que o condomínio de *R* é idêntico ao domínio de $\overline{R}$. De onde, o campo de *R* é idêntico ao campo de $\overline{R}$.

O número de elementos que constitui o D'R ou o B'R, e, portanto, o C'R, não é necessariamente finito, podendo ser infinito. Assim, na relação "é>que", tanto o domínio como o condomínio são coleções infinitas.

O mesmo elemento pode também pertencer ao D'R e ao B'R. Assim, dentro da mesma relação "é>que", temos "7>5" e "5>3"; como vemos, 5 é uma vez *relatum* e outra vez referente, isto é, pertence no 1º caso ao B'R e, no 2º caso, ao D'R.

Quanto à natureza dos elementos que integram o D'R e o B'R, uma relação pode ser *homogênea* ou *heterogênea*.

É homogênea quando o referente e o *relatum* pertencem ao mesmo gênero de objetos. As relações "é marido de", "é>que" são homogêneas, pois que o D'R e o B'R estão inclusos na mesma classe de entes.

Inversamente, uma relação é heterogênea quando o D'R e o B'R não pertencem ao mesmo gênero de objetos. Como exemplo, temos a asserção "a tem o conhecimento b", uma relação de conhecimento, que é heterogênea, pois o domínio é constituído por mentes, ao passo que o condomínio é constituído por fatos.

Eis então esboçada uma teoria bastante importante na atual seriação dos estudos lógicos.

Capítulo 4

As proposições moleculares e as leis da lógica

Os lógicos clássicos já consideravam, ao lado das asserções simples ou atômicas, proposições mais complexas, onde entravam duas ou mais asserções combinadas segundo certas relações. Com efeito, os tratados clássicos se referem às proposições hipotéticas e às proposições disjuntivas, que são duas importantes espécies de proposições compostas.

Ao lado de juízos como "isto é branco", "aquilo é circular", encontramos em nossa linguagem sentenças como as seguintes: "Se hoje não chover, *então irei* ao cinema"; "Este livro é branco *ou* preto"; "Jesus é bom e Judas é mau".

Detenhamo-nos no estudo dessas proposições mais complexas, que são de um papel capital na lógica formal.

As asserções atômicas, como já dissemos, são simbolizadas por letras, tais como *p, q, r, s, t* etc.

Se examinarmos a asserção "Este livro é preto ou branco", notaremos que estão em jogo dois juízos: "Este livro é branco"

(p) e "Este livro é preto" (q), unidos pela conjunção *ou*. Podemos escrever então "*p* ou *q*".

Da mesma forma, as outras proposições compostas, às quais nos referimos acima, podem ser simbolizadas respectivamente por "se *p*, então *q*" e "*p* e *q*".

Vemos, pois, que tomando como elementos as proposições atômicas, em nosso discurso, formamos proposições mais complexas, unindo juízos simples, de maneira a formar edifícios compostos.

A proposição composta ou molecular é um ente diverso das proposições particulares que a integram, se bem que sua verdade ou falsidade dependem, em geral, da verdade ou falsidade das asserções integrantes. Dizemos em geral por que em certos casos particulares, no caso de tratar-se de uma lei lógica, a proposição molecular é sempre verdadeira.

No seguinte quadro, podemos apreciar como varia a verdade ou falsidade da asserção "*p* e *q*", conforme os valores *V* ou *F* (verdade ou falsidade) de *p*, *q*.

p, q	"p e q"
V V	V
V F	F
F V	F
F F	F

No esquema acima (esquema de Wittgenstein), figuram, no primeiro compartimento, os 2^2 (combinações com repetição) grupos de valores, que podem tomar alternadamente *p*, *q*; no segundo compartimento estão os respectivos resultados para a proposição molecular "*p* e *q*".

Podemos ter, em lugar de duas proposições unidas pela conjunção *e*, três ou mais juízos relacionados da mesma forma, como segue: "p *e* q *e* s", "p *e* q *e* s *e* t" etc.

Os esquemas de Wittgenstein darão como resultado, nesses casos, respectivamente, (VFFFFFFF) e .... (VFFFFFFFFFFFFFFF) etc.

No caso de três proposições unidas pela conjunção *e*, teremos:

p, q, s	"p *e* q *e* s"
V V V	V
V V F	F
V F F	F
V F V	F
F V V	F
F F V	F
F V F	F
F F F	F

As proposições "*p* e *q*", "p *e* q *e* s" etc. têm o nome de proposições *conjuntivas*.

As proposições da forma "*p* ou *q*", por outro lado, têm o nome de *proposições alternativas*; podemos também unir duas ou mais asserções dessa espécie pela conjunção *ou*, da seguinte forma: "p *ou* q *ou* s", "p *ou* q *ou* s *ou* t" etc.

O esquema para "*p* ou *q*" seria:

p, q	"p ou q"
V V	V
V F	V
F V	V
F F	F

De acordo com os esquemas anteriores, notamos que os juízos conjuntivos só são verdadeiros se todas as asserções integrantes o forem. Quanto às asserções alternativas, constatamos que elas só são falsas quando todas as asserções integrantes o são.

A proposição alternativa "*p* ou *q*", como será compreendida a seguir, significará: "ao menos uma dessas asserções, *p* ou *q*, é verdadeira, podendo dar-se o caso de ambas o serem".

Nada nos impede de olhar essas uniões entre proposições como operações que executamos sobre elas, obtendo como resultado outras proposições; aliás, encarando a questão sob esse ponto de vista operacional, lograremos obter grandes avanços de conhecimento.

Estudamos até agora duas operações importantes, a operação *e* e a operação *ou*, que, nos tratados, levam os nomes respectivos de *produto* e *soma* lógica.

Se antepusermos a uma dada proposição *p* a palavra *não*, obteremos uma nova asserção, que escreveremos *não-p*. É evidente que esse novo enunciado será verdadeiro quando *p* for falso, e falso quando *p* for verdadeiro.

A palavra *não* pode, portanto, ser encarada como uma operação que, aplicada a uma asserção, transforma-a em sua negação.

Assim, temos o seguinte esquema:

p	não-p
V	F
F	V

O produto, a soma e a negação lógica constituem as operações lógicas fundamentais, sendo que podemos definir as outras relações (a implicação e a equivalência) em função dessas operações.

A operação de implicação (*se* isto, *então* aquilo) dá origem às proposições, que, na lógica clássica, levavam o nome de asserções hipotéticas.

Alguns lógicos do século XIX, entre os quais Boole e Schröder, levados pela analogia que essas combinações de proposições tinham com as combinações aritméticas dos números, organizaram um algoritmo e uma álgebra próprios das proposições, que tomaram o nome de *cálculo proposicional*.

Louis Couturat, em seu livro *L'algèbre de la logique*, definindo os princípios desse cálculo, assim se expressa:

> As leis fundamentais deste cálculo foram inventadas para exprimir os princípios do raciocínio, as leis do pensamento; mas pode-se considerar este cálculo do ponto de vista puramente formal, que é o das Matemáticas, como uma Álgebra repousando sobre certos princípios, arbitrariamente escolhidos. É uma questão filosófica saber se e em que medida esse cálculo corresponde às operações reais do espírito, e se é apropriado para traduzir ou mesmo substituir o raciocínio.

Com o auxílio dessa álgebra, foi possível escrever todas as leis e relações que vigoram entre os juízos, de uma forma simples e cristalina, e, ainda mais, foi possível organizar um sistema dedutivo, no qual todas as leis são deduzidas de certos postulados ou axiomas.

Na lógica clássica, as leis lógicas (o silogismo, o princípio de redução ao absurdo etc.) apresentavam-se soltas e desconexas, não existindo cadeia de raciocínio que as unisse entre si.

Ora, como a edificação última e ideal para a qual tendem todos os esforços, em qualquer campo do conhecimento, é a edificação do tipo de sistema dedutivo, podemos afirmar que, até há bem pouco tempo, o sistema de Euclides, por exemplo, apresentava forma muito mais perfeita do que a lógica formal proposicional.

Assim, a redução da lógica formal a uma teoria nomológica constituiu um avanço notável no domínio da ciência pura, além de fornecer uma poderosa arma de análise à filosofia.

Para podermos construir um edifício algébrico, tendo como elementos proposições, necessitamos convencionar um sistema de notação. As relações vigentes entre as proposições desempenharão um papel análogo ao das operações aritméticas e, da mesma forma que na aritmética, as operações terão símbolos próprios para as representar.

Podemos organizar o seguinte quadro das operações lógicas, dando em seguida os respectivos símbolos:

p e q	$p \cdot q$
p ou q	$p \vee q$
se p, então q	$p \supset q$
não-p	$\sim p$

Então, o produto lógico entre duas asserções virá simbolizado por um ponto entre as duas asserções; a soma lógica terá o sinal v.

Precisemos o significado da operação $\supset$. Esta é a relação que existe entre duas proposições, quando da verdade de uma segue-se a verdade da outra; é o elo que permite a dedução. A relação $\supset$ é conhecida com o nome de implicação, de maneira que podemos ler p$\supset$q (p implica q).

Para termos uma noção precisa da relação de implicação, organizemos o esquema de Wittgenstein, referente a essa relação:

p, q	p$\supset$q
V V	V
V F	F
F V	V
F F	V

O grupo (VFVV) servirá como definição precisa da operação, de maneira que se duas proposições quaisquer r, s estiverem relacionadas de tal forma que apresentem como grupo de valores (VFVV), para todos os fins lógicos, r$\supset$s (r implica s).

É interessante notar que a proposição (~pvq) tem também como esquema os valores (VFVV), como demonstra o esquema:

p, q	~p, q	~pvq
V V	F V	V
V F	F F	F (VFVV)
F V	V V	V
F F	V F	V

Então, as expressões p⊃q e ~pvq são idênticas por definição.

p⊃q = (~pvq) Definição.

Aqui não cabe a questão de saber se esse sentido da palavra implicação é equipolente ao sentido da linguagem usual; o que nos interessa é que podemos construir a lógica formal com essa definição.

A expressão "operação lógica" que estamos adotando se enquadra perfeitamente na categoria de objetos dos quais nos estamos ocupando.

Com efeito, se unirmos duas asserções r, s pela operação v, resultará rvs; teremos, pois, como resultado, ainda uma asserção, da mesma forma que, quando escrevemos 6x5=30, 30 ainda é um número.

Posto isso, é claro que podemos tomar a proposição rvs como um todo, unindo-a, por exemplo, pela operação ⊃ à proposição *p*, da seguinte maneira:

(1) (rvs) →p[1]

A fórmula (1) pode ser lida: "se *r* ou *s*, então *p*".

Seguindo a mesma linha de desenvolvimento, podemos escrever expressões cada vez mais complexas. Dessa forma é que chegamos às leis da lógica clássica, das quais mencionaremos algumas:

(*Modus ponens*) p.(p →q): →:q
(Silogismo) (p →q).(q →r): →:(p →r)
(Princípio de contradição) ~(p.~p)

---

[1] Os símbolos → e ⊃ têm o mesmo significado (N. A.).

Os dois pontos que aparecem nas fórmulas acima têm simplesmente a função de separar as expressões, não desempenhando papel lógico algum.

Antes de entrarmos na exposição do cálculo proposicional, abordaremos um assunto interessante, que se relaciona com a matéria que estamos desenvolvendo: trata-se das leis da lógica.

O pensamento é uma atividade do tecido vivo e, portanto, como já podemos presumir, pouco submisso às cadeias rígidas das leis. É ele um fluxo muito mais rico e heterogêneo do que supunham os lógicos clássicos.

A lógica clássica e mesmo a moderna são o resultado de uma esquematização do mundo. Foi traçado no universo um sistema de coordenadas, e as classes e as relações delimitaram e estabilizaram a torrente da realidade.

Para os fins imediatos da ciência, é provável que esses modelos aristotélicos e pós-aristotélicos nos bastem. Mas já há filósofos que olham para mais longe e procuram leis mais vivas e reais do que as derivadas de uma faina classificatória milenar.

Nesse ponto, a lógica suplanta a lógica e aparecem leis mais universais, para agir onde as particulares não são mais vigentes.

Eis um magnífico trecho de Papini, sobre a natureza das leis lógicas:

> O mundo do real é o mundo do diverso, do continuamente diferente, o mundo sem princípio de identidade e sem lei – mas para viver no mundo do real e para se ter dele uma só imagem falada ou pintada, conceitual ou estética, é obrigação e necessidade negar o particular. Só se faz o retrato do mundo em linhas geométricas; não se conquista o diverso, senão imaginando-o,

no fundo, homogêneo. A realidade é muito rica e não dá frutos, aos homens, senão depois de grandes podas e mutilações.

As leis que a lógica impôs ao pensamento são o fruto de um compromisso; se anularmos esse compromisso, transcenderemos, *ipso facto*, todos os imperativos daquela.

A lógica derivou de uma visão estática dos acontecimentos, de uma projeção dos acontecimentos num plano meramente espacial. Isso basta, enquanto se trata da aplicação dessas leis no mundo da ciência. Mas quando queremos ver nesses princípios os quadros essenciais de uma matéria que é só tempo e continuidade, como o pensamento, os nossos argumentos de nada valem.

A mente deve ter princípios anteriores, se bem que compatíveis com os princípios lógicos, de maneira a se exercerem dentro e fora dos limites das classificações e esquematizações.

Mas passemos a esclarecer o que tradicionalmente chamamos uma "lei da mente".

Existem proposições moleculares que são sempre verdadeiras, sejam quais forem as determinações V ou F (verdade ou falsidade) das asserções que as integram. Temos, como exemplo, o princípio do terceiro excluído, que escrevemos (pv~p). Se submetermos ao esquema de Wittgenstein tal sistema de símbolos, teremos, como valores, sempre V. Daremos o nome de lei lógica a um tal agregado de proposições.

Vejamos o esquema:

p	p,~p	(pv~p)
V	V F	V
F	F V	V

Vemos, então, que o "princípio do terceiro excluído" é uma lei sempre válida, independentemente da matéria particular sobre a qual versa a proposição p.

Se submetermos qualquer dos princípios lógicos a esse tratamento, obteremos idêntico resultado. Podemos sintetizar essas afirmações no enunciado, mais restrito e clássico, de que as inferências dependem da forma e não do conteúdo das proposições.

Por outro lado, se examinarmos uma proposição molecular construída arbitrariamente, como $(r \vee s) \supset p$, por exemplo, veremos que sua verdade depende dos possíveis conteúdos dos enunciados que a constituem: essas asserções, portanto, não são princípios do pensamento.

Se quisermos indagar a razão de ser desses princípios sempre válidos, não devemos perder de vista as convenções estabelecidas para as operações fundamentais. Os esquemas fundamentais nos aclaram sobre as convenções vigentes no emprego das palavras *e*, *ou*, *não*, em nossa linguagem, e sobre essas convenções se funda todo o mistério das leis *a priori* da lógica.

A natureza íntima desses princípios permaneceu uma incógnita até os trabalhos de Wittgenstein e dos lógicos do Círculo de Viena; provavelmente a tese desses lógicos representa um esclarecimento definitivo nesse campo.

Capítulo 5

O cálculo proposicional

> *Itaque profertur hic calculus quidam novus et mirificus, qui in omnibus nostris* ratiocinationibus locum habet, *et qui non minus accurate procedit quam Arithmetica aut Álgebra.*
> Leibniz[1]

O novo método aplicado à pesquisa das questões lógicas não trouxe unicamente vantagens notacionais ou taquigráficas, mas também tornou possível estender nosso conhecimento a regiões novas e férteis.

Evidentemente, o ideal ingênuo de Leibniz, de um cálculo que substituísse, pelo seu mecanismo frio e regular, o fluxo veloz e complexo do pensamento, não se realizou.

Hoje, podemos avaliar as limitações de tal método, sem deixar, no entanto, de reconhecer a energia clarificadora que ele encerra.

---

[1] "E assim um novo e admirável cálculo há de vir à luz, que está presente em todos os nossos raciocínios, e não opera de modo menos acurado que a Álgebra ou a Aritmética". (N. O.)

No capítulo anterior, aprendemos a escrever os enunciados da lógica de uma maneira sintética, reduzindo-os a fórmulas.

Neste capítulo, pretendemos estabelecer dedutivamente algumas leis célebres da lógica clássica, dando assim um exemplo do funcionamento da lógica matemática. Aprenderemos também a transformar certas fórmulas em outras, alcançando, dessa forma, diversos teoremas lógicos, por simples cálculo algébrico.

Em nosso processo de dedução, partiremos de um certo número de proposições primitivas, tal como em qualquer sistema dedutivo. Evidentemente, não é possível demonstrar todos os enunciados de uma teoria, pois para demonstrar uma proposição devemos basear-nos em outras, de maneira que, por mais que regridamos, haverá sempre suposições a serem aceitas sem provas.

Adotaremos o sistema de proposições primitivas, contido no *Principia mathematica* de Russell-Withehead, mas não abordaremos os detalhes do sistema dedutivo a ser desenvolvido, pelo fato de tais questões oferecerem interesse de ordem exclusivamente técnica. Não trataremos, por outro lado, das condições referentes à teoria dos tipos, limitando-nos à exposição dos seguintes postulados:

1) pvq⊃p

2) q⊃pvq

3) pvq⊃qvp

4) pv(qvr)⊃qv(pvr)

5) (p⊃r):⊃:(pvq⊃pvr)

Essas proposições serão designadas no curso das demonstrações pelo número segundo o qual estão ordenadas; assim, escreveremos Post. 1, Post. 2 etc.

Além dos axiomas acima, lançaremos mão de duas regras auxiliares de dedução, que não podem ser escritas na linguagem simbólica adotada:

> Regra 1 – "Qualquer proposição que é consequência de uma proposição verdadeira é verdadeira."
>
> Assim, se soubermos que p é verdadeira, e, por outro lado, se soubermos que p⊃q, poderemos então afirmar isoladamente a veracidade de q. É ilusório pensar que essa regra poderia ser escrita p.p⊃q:⊃:q, pois ela, como um todo, é verdadeira, mesmo no caso de q ser falsa. Para nos capacitarmos desse fato, basta submeter a expressão acima ao método dos esquemas.

> Regra 2 – "Podemos, numa expressão, substituir um símbolo por outro, contanto que façamos o mesmo em todos os lugares onde o primeiro símbolo comparecer."
>
> Assim, no Post. 2, poderemos substituir p por $\sim p$, obtendo dessa forma q⊃(~pvq), que, de acordo com a identidade p⊃q=~pvq, se transformará em q⊃(p⊃q).

Como é usual em lógica simbólica, escreveremos numa demonstração, ao lado de cada proposição, os postulados e regras que forem usados. Assim, poremos:

q⊃(p⊃q) [Post. 2, Regra 2 $\frac{\sim p}{p}$]

$\dfrac{\sim p}{p}$ significará que substituímos p por $\sim p$.

Entremos agora na demonstração de alguns princípios lógicos:

I) O princípio de redução ao absurdo, tão usado nos raciocínios matemáticos e mesmo nos raciocínios da vida corrente, nos diz que se a verdade de uma proposição implica a sua falsidade, essa proposição é falsa. Esse princípio é simbolizado pela fórmula:

$$(p \supset \sim p) \mathbin{:}\supset\mathbin{:} \sim p$$

A demonstração dessa proposição é como segue:

$$(\sim p \lor \sim p) \supset \sim p \quad [\text{Post. 1, Regra 2} \;\dfrac{\sim p}{p}\,]$$

$$(p \supset \sim p) \supset \sim p \quad [\text{Definição de } \supset]$$

II) Demonstremos agora o seguinte princípio lógico: "Se q implica r, segue-se que qualquer proposição que implica q implica, *ipso facto*, r."

$$(q \supset r) \mathbin{:}\supset\mathbin{:} (p \supset q \supset p \supset r)$$
$$(q \supset r) \mathbin{:}\supset\mathbin{:} (\sim p \lor q \supset \sim p \lor r) \quad [\text{Post. 5, Regra 2} \;\dfrac{\sim p}{p}\,]$$

$$(q \supset r) \mathbin{:}\supset\mathbin{:} (p \supset q \supset p \supset r) \quad [\text{Definição de } \supset]$$

III) Da proposição anterior, podemos deduzir imediatamente a lei do silogismo proposicional: "Se soubermos que $p \supset q$ e $q \supset r$, poderemos afirmar que $p \supset r$." Em fórmula, teremos:

$$(p \supset q).(q \supset r) \mathbin{:}\supset\mathbin{:} (p \supset r)$$

Com efeito, de acordo com a proposição anterior, temos:

$$(q \supset r) \mathbin{.}\supset\mathbin{.} (p \supset q \supset p \supset r)$$

Mas $q \supset r$ é verdadeira por hipótese, e, portanto, de acordo com a Regra 1, podemos afirmar que:

$$(p \supset q \supset p \supset r)$$

Mas $p \supset q$ também é verdadeira por hipótese, de forma que, de acordo com a Regra 1,

$$p \supset r$$

IV) O célebre princípio do terceiro excluído ($\sim p \vee p$) pode ser também facilmente demonstrado. Com efeito:

(α) $p \supset p \vee p$ [Post. 2, Regra 2 $\frac{p}{q}$]

(β) $p \vee p \supset p$ [Post. 1]

$p \supset p$ [α, β, silogismo]

$\sim p \vee p$ [Definição de $\supset$]

V) Demonstraremos agora que "se uma proposição for verdadeira, a negação de sua negação também o será".

$p \supset \sim(\sim p)$

$\sim p \vee \sim(\sim p) \supset p \supset \sim(\sim p)$ [Definição de $\supset$, $\frac{\sim(\sim p)}{p}$]

Mas

$\sim p \vee \sim(\sim p)$ é verdadeira. [Princ. do terc. excluído, $\frac{\sim p}{p}$]

Logo, de acordo com a Regra 1,

$$p \supset \sim(\sim p)$$

VI) Vejamos agora a demonstração do princípio seguinte: "Se de $p \supset q$, então de $\sim q \supset \sim p$."

$$(p \supset q) \supset (\sim q \supset \sim p)$$

$$q \supset \sim(\sim q) \text{ [Teorema anterior, } \frac{q}{p}]$$

(α) $\sim p v q \supset \sim p v \sim(\sim q)$ [Post. 5, Regra 1]
(β) $\sim p v \sim(\sim q) \supset \sim(\sim q) v \sim p$ [Post. 3]

$\sim p v q \supset \sim(\sim q) v \sim p$ [α, β, silogismo]

$(p \supset q) \supset (\sim q \supset \sim p)$ [Definição de $\supset$].

Uma relação importante entre duas proposições, e que podemos definir em função das operações fundamentais (Capítulo IV), é a relação de equivalência. Essa relação existe entre *p* e *q* quando:

$$(p \supset q).(q \supset p) = p \equiv q$$

O esquema de Wittgenstein relativo à proposição $(p \supset q).(q \supset p)$ é (VFFV), constituindo esse, então, o grupo de valores relacionados com a operação $\equiv$.

VII) Podemos demonstrar imediatamente que:

$$pvq \equiv qvp$$

Com efeito:

$$pvq \supset qvp \text{ [Post. 3]}$$

$$qvp \supset pvq \text{ [Post. 3]}$$

Logo,

$$pvq \equiv qvp \quad [\text{Definição de} \equiv].$$

VIII) Também podemos provar que:

$p \supset \sim q \equiv q \supset \sim p$

$\sim pv \sim q \supset \sim qv \sim p \quad [\text{Post. 3, Regra 2}, \dfrac{\sim p}{p}, \dfrac{\sim q}{q}]$

$\sim qv \sim p \supset \sim pv \sim q \quad [\text{Post. 3}]$

$\sim pv \sim q \equiv \sim qv \sim p \quad [\text{Definição de} \equiv]$

$p \supset \sim q \equiv q \supset \sim p \quad [\text{Definição de} \supset]$

IX) Eis agora a demonstração do célebre princípio de identidade: de $\sim pvp$, podemos deduzir $p \supset p$ (Definição de $\supset$)

$(p \supset p).(p \supset p) = p \equiv p \quad [\text{Def. de} \equiv, \text{Regra 2}, \dfrac{p}{q}]$

$p \equiv p$

E, assim, poderíamos continuar indefinidamente a demonstrar as leis mais importantes da lógica, lançando mão a cada passo de asserções previamente demonstradas ou de postulados admitidos. Eis alguns princípios célebres, dos quais daremos apenas o enunciado, todos eles demonstráveis pelo processo exposto:

$\sim (p.\sim p)$

$p.q \supset p$

$p.p \supset q : \supset : q$

$p \equiv q . q \equiv r : \supset : p \equiv r$

$(p \equiv q) \equiv (\sim p \equiv \sim q)$

$p \equiv q \vee (p \equiv \sim q)$

$p \supset r . q \supset s : \supset : p \vee q \supset r \vee s$

Esses exemplos são suficientes para indicar a técnica de demonstração estritamente algébrica, empregada pela lógica matemática. A clareza e elegância de suas provas nada ficam a dever às demonstrações da álgebra.

Por outro lado, a lógica proposicional nos aparece agora como um todo ordenado, como um sistema onde cada proposição mostra uma certa dependência relativamente às demais.

Elucidemos, porém, um ponto, que poderia suscitar possíveis erros de interpretação filosófica.

Como toda a lógica proposicional está contida potencialmente nos postulados, seria lícito supor que os princípios lógicos contidos nos postulados expressam de alguma forma leis fundamentais da razão?

A resposta que podemos dar a essa suposição é que a escolha de um sistema de postulados constitui matéria de arbítrio do logicista; na sua escolha, este pode ser guiado, por exemplo, pelos imperativos da simplicidade, e assim eleger um grupo de postulados que apresente um menor número de asserções; mas ele nunca poderá encarar a questão de saber se o grupo escolhido representa ou não as "leis eternas da razão". E isso simplesmente pelo fato de que as leis da lógica proposicional não são passíveis de uma hierarquização; não existem leis mais nobres e aptas para nos dar uma visão da legalidade última do pensamento, como supunham os lógicos clássicos.

Eis a opinião de Miss L. S. Stebbing:

Os princípios de identidade, do terceiro excluído, de contradição, foram tradicionalmente considerados como os únicos princípios lógicos fundamentais. Isso é um erro completo. Eles não são nem mais, nem menos importantes do que os outros princípios que estabelecemos.

Em segundo lugar, como já frisamos em capítulo anterior, a lógica proposicional, sendo o produto de uma esquematização da dialética do nosso pensamento, pode revelar-nos, quando muito, uma das formas da nossa atividade mental. Uma lei lógica jamais poderá dar-nos um conhecimento mais profundo do que aquele que advém da visão de conjunto de todo o corpo lógico.

Dessas considerações, segue-se que não devemos deixar-nos arrastar por alguma conclusão metafísica, quanto à significação última das leis da lógica proposicional; o sentido dessas leis não pode transcender o das convenções que estão à sua base.

Capítulo 6

A noção de função proposicional e sua aplicação

Introduziremos neste capítulo um conceito de importância capital no domínio lógico: o conceito de função proposicional. A messe de consequências que esse conceito determinou é considerável.

Como já fizemos notar em capítulo anterior, uma proposição da forma sujeito-predicado pode ser escrita simbolicamente R(x), em que x simboliza um objeto determinado, e R, uma dada qualidade.

Se dermos a x o valor particular a, isto é, se convencionarmos que na expressão R(x) devemos substituir o termo x por a, a forma R(x) se transformará numa proposição categórica bem definida, R(a).

Assim, na expressão "x é filósofo", escolhendo uma dada determinação para x, "Sócrates", por exemplo, faremos com que a expressão se transforme na asserção "Sócrates é filósofo". Dessa maneira, fazendo x tomar diversas determinações particulares, obteremos como resultado diversas proposições categóricas, podendo então ser estabelecida uma correspondência entre um certo domínio de objetos e um domínio de proposições.

Do que foi exposto acima, nasce o conceito de função proposicional: quando pudermos estabelecer uma correspondência entre um dado grupo de objetos e um certo grupo de proposições, o símbolo que expressa essa correspondência é o que denominamos função proposicional.

Eis a definição apresentada por B. Russell:

> Função proposicional é uma expressão que contém uma variável ou constituinte indeterminada, e que se torna uma proposição logo que seja dado um valor definido à variável. Ex.: "x é x", "x é um número". A variável chama-se "argumento da função". (*Le mysticisme et la logique*)

Devemos entretanto, desde logo, estabelecer uma distinção importante entre a função proposicional "R(x)" (escrevemos a função propriamente dita entre aspas) e um valor indeterminado e genérico da função que simbolizaremos por R(x).

R(x) é uma proposição indeterminada do agregado de proposições que a função proposicional "R(x)" denota. R(x) é uma asserção que intencionalmente não queremos fixar, enquanto "R(x)" é uma noção bem precisa. A expressão R(x) depende também, para sua especificação, das determinações de x.

Burali-Forti prefere introduzir essa matéria de maneira diferente. Divide antes de tudo as proposições em condicionais e categóricas. Estabelece que a expressão R(x) define uma condição que deve ser satisfeita por um ente variável, constituindo, dessa forma, R(x) uma asserção condicional.

Da mesma forma que concebemos funções proposicionais de uma só variável, nada nos impede de subirmos à consideração de funções de muitas variáveis. Tomemos o caso do enunciado "*x* é paralelo a *y*"; é evidente que estamos diante de uma função de dois argumentos, *x*, *y*, podendo ser simbolizada por R(x,y). De igual forma, podemos ter R(x,y,z), R(x,y,z,t) etc.

É evidente que entre as infinitas determinações particulares de uma função, existirão proposições sem sentido, proposições falsas e proposições verdadeiras, isto é, ao variar de *x*, uma função pode tornar-se sem sentido, falsa ou verdadeira.

Na matéria que se segue, convencionaremos que a variável terá o seu domínio limitado a objetos de um só tipo lógico, de maneira que o caso de determinações sem sentido para "f(x)" fica excluído.

Como os leitores notarão a seguir, escreveremos livremente f(x), φ(x) etc. no lugar de *p*, *q*, *r* das proposições moleculares das leis clássicas; isso nos é permitido, pois *p*, *q*, *r* estão simbolizando proposições quaisquer. Por outro lado, substituindo pelas expressões f(x), φ(x) os *p*, *q*, *r*, obteremos funções proposicionais complexas como ...... "f(x)v∼φ(x)", que são muito úteis em lógica, pois nos permitem estender as leis deduzidas a novos casos.

Dada agora "f(x)", pela notação "∼f(x)", simbolizamos uma outra função proposicional tal, que para cada valor particular de *x* sua determinação será a negação da determinação de "f(x)", isto é, a proposição condicional "∼f(x)" é a negação de "f(x)".

Dada "f(x)", pode acontecer serem verdadeiras todas as proposições correspondentes aos diversos valores de *x*, de onde se segue que "f(x)" é sempre verdadeira. Nós expressamos essa ocorrência pelo símbolo (x)f(x).

(x)f(x) é uma proposição categórica, universal, e não mais uma função de *x*; a variável que aí aparece é o que os lógicos chamam uma variável aparente.

(x)f(x) é equivalente à asserção conjuntiva .... f(a).f(b).f(c)..............., isto é, à afirmação de que f(a), f(b) etc. são todas verdadeiras.

A expressão (x) que aparece na proposição (x)f(x) recebe às vezes o nome de *operador universal*. Dada uma função "f(x)", a aplicação do operador (x) equivale à afirmação universal dos valores de "f(x)".

Assim, a função proposicional "φ(x)v~φ(x)" precedida pelo operador universal (x) nos dará a seguinte proposição (x)[φ(x)v~φ(x)], que poderá ser lida: quaisquer que sejam os valores de *x*, *x* possui ou não possui a propriedade φ. Como vemos, essa proposição universal é outra forma do princípio *tertium non datur*.

Pode dar-se o caso de que ao menos alguns dos valores de "f(x)" sejam verdadeiros, fato que simbolizaremos pela asserção: E(x)f(x), a qual se lê: existe ao menos um *x*, tal que f(x) é verdadeira.

E(x)f(x) é uma proposição categórica, particular, e não mais uma função de *x*; a variável *x* é também aparente, nesse caso. E(x)f(x) equivale à afirmação .... f(a)vf(b)vf(c)..., isto é, ao menos uma das asserções que resultam da substituição de *x* por entes particulares é verdadeira.

O símbolo E(x) é conhecido pelo nome de *operador existencial*.

Assim, dada a função proposicional "φ(x)v~φ(x)" precedida pelo operador existencial E(x), obteremos a proposição E(x)[φ(x)v~φ(x)], que poderemos ler: existe ao menos um ente x, tal que x possui ou não possui a propriedade φ.

Aplicando o operador universal (x) a uma função de duas variáveis "f(x,y)", obteremos a expressão (x)f(x,y); devido à aplicação do operador universal, essa expressão não é mais função de x; contudo, é ainda uma função da outra variável, y.

Sendo (x)f(x,y) função da variável y, podemos escrever (y)(x)f(x,y), que se lê: quaisquer que sejam os entes y,x, f(x,y) é verdadeira.

Assim é que temos expressões com duas variáveis aparentes. A ordem de aplicação dos operadores universais é indiferente.

Mutatis mutandis, podemos conseguir as seguintes funções e proposições:

E(x).f(x,y)   E(y).f(x,y)

E(y).E(x).f(x,y)E(x).E(y).f(x,y)

(x).E(y).f(x,y)   E(x).(y).f(x,y)

Note-se que a ordem de aplicação simultânea dos operadores universais e existenciais altera em geral o sentido das asserções.

Podemos estender às proposições com variáveis aparentes as leis lógicas estabelecidas no Capítulo V, leis estas que vinculam proposições genéricas p, q, r...

Dessa forma obteremos proposições lógicas como as seguintes:

$(x)[f(x) \supset \varphi(x)], (x)[\varphi(x) \supset \theta(x)] :\supset:$

$:(x)[f(x) \supset \theta(x)]$

$(x,y)[f(x,y) \supset \varphi(x,y).$

$(x,y)[\varphi(x,y) \supset \theta(x,y)] :\supset:$

$(x,y)[f(x,y) \supset \theta(x,y)]$

Mas para estabelecer essas relações lógicas, devemos introduzir mais dois postulados, exteriores ao cálculo lógico proposicional.

Eis a opinião do professor David Garcia sobre o assunto:

> Convém que não percamos de vista que as proposições $(x)f(y) \cdot E(x)f(x)$ são categóricas e, portanto, verdadeiras ou falsas; contudo pertencem a um extrato lógico diferente de p,q,r, porque as proposições indeterminadas p,q,r não têm explicitamente nenhuma referência objetual; em todo o caso, as proposições com variáveis aparentes se referem explicitamente a objetos ou grupos de objetos; estão submetidas ao influxo e estrutura dos objetos e, portanto, as leis lógicas deverão sofrer algumas modificações.

Uma dessas modificações, por exemplo, reside na necessidade que temos de estabelecer mais dois postulados, além dos cinco que já expusemos no Capítulo V. São eles:

$(x)f(x) \supset f(x)$

$f(x) \supset E(x)f(x)$

Não é nossa intenção repetir aqui o sistema de demonstrações que instituímos para as proposições indeterminadas p,q,r, no tocante às proposições com variáveis aparentes.

Indicamos aos interessados consultar o primeiro volume do *Principia mathematica* de Whitehead e Russell.

Aplicaremos agora as noções adquiridas neste capítulo à análise das asserções A,E,I,O da lógica clássica, respectivamente, a afirmativa e a negativa universais e a afirmativa e a negativa particulares.

Da aplicação dos conceitos da lógica matemática ao estudo dessas proposições, surgiu uma nova visão não só da estrutura dessas asserções, como também da natureza de certas inferências imediatas e mediatas.

Consideremos a proposição "Todos os *A* são *B*" [A]. O que nos diz essa proposição? Diz-nos, sob o ponto de vista da compreensão, que as propriedades *A* e *B* estão de tal maneira relacionadas que, se o objeto *x* possui a propriedade *A*, deduz-se que ele possuirá necessariamente a propriedade *B*; ou melhor, se A(x) é verdadeira, então, para qualquer *x*, B(x) será verdadeira. Em fórmula, teremos:

$$(x)[A(x) \supset B(x)]$$

Tal é a verdadeira análise da proposição clássica [A].

Aristóteles, entretanto, dava a mesma estrutura lógica às duas seguintes proposições: 1) *A* é *B*; 2) Todos os *A* são *B*.

Já examinamos, porém, a estrutura da primeira proposição, que simbolizamos B(A), isto é, "*A* tem a propriedade particular *B*", enquanto a estrutura da segunda é:

$$(x)[A(x) \supset B(x)]$$

Exemplifiquemos este segundo caso: "Todos os homens são mortais" equivale à asserção:

$$(x)[H(x) \supset M(x)]$$

Qual será, agora, a estrutura da proposição de I, "alguns *A* são *B*"?

Essa proposição nos diz que ao menos um objeto, *x*, tem *conjuntamente* as propriedades *A* e *B*; ou melhor, ao menos um objeto satisfaz a proposição condicional ...... A(x).B(x).

Como se vê, essa é uma proposição nitidamente existencial, pois para ser verdadeira é necessário que exista ao menos um ente possuidor das propriedades em questão. Podemos simbolizar essa proposição da seguinte maneira:

$$E(x)[A(x).B(x)]$$

Posto isso, podemos ver que a proposição *A* da lógica clássica não é existencial. Se a simbolizarmos por .... (x) [f(x)⊃φ(x)], notamos que ela se limita a estabelecer uma conexão entre as propriedades *f* e φ. Com efeito, ela unicamente estabelece que as propriedades *f* e φ guardam um tal elo que qualquer ente *x* que possuir a propriedade *f* possuirá a propriedade φ, não nos adiantando nada sobre a existência ou inexistência do objeto *x*.

Quanto às proposições da forma I, sendo existenciais, somente serão verdadeiras se houver ao menos um ente que as satisfaça.

Dessas considerações podemos tirar as seguintes conclusões:

1) Certas formas de inferências imediatas, estabelecidas na lógica clássica, são errôneas. Assim, da proposição "Todos os *A* são *B*", nós não podemos deduzir formalmente a proposição "Alguns *B* são *A*", ou melhor, a implicação (x) [A(x)⊃B(x)]:⊃:E(x)[B(x).A(x)] não é uma lei lógica.

2) Os modos de silogismo Darapti, Felapton, Fesapo e Bramantip não são leis lógicas, como a lógica clássica pretendia.

Com efeito, o silogismo em Darapti se escreve:

(x)[A(x)⊃B(x)].

(x)[B(x)⊃C(x)]:⊃:E(x)[A(x).C(x)]

e como nas premissas não existe nenhuma proposição existencial, a conclusão não poderá ser uma proposição existencial. As premissas estabelecem simplesmente certas relações entre as propriedades *A, B, C* e não se compreende como daí podemos concluir a existência de certos entes.

É interessante notar, ainda mais, que foi demonstrado que todas as outras formas de silogismo podem ser reduzidas à forma Barbara[1], não sendo as demais leis senão variantes dessa forma fundamental.

Eis a que se reduziu a gloriosa silogística dos escolásticos.

---

[1] Recebe o nome de Barbara o silogismo que contém três Universais Afirmativas (A), assim denominado pelos lógicos medievais com fins mnemônicos, pois as três letras *a* da palavra mimetizam essas três Afirmativas. Nele, o termo médio ocupa a posição de sujeito na premissa maior e de predicado na premissa menor. Nesse sentido, Todo B é um A, Todo C é um B, logo, Todo C é um A. Mais adiante, quanso VFS tratar dos silogismos, o termo será reempregado. (N. O.)

Capítulo 7

As classes

Nous peuplons l'espace et le temps des créations de notre cerveau imparfait, de notre cerveau qui n'a atteint sa forme actuelle que par une série de compromis et d'adaptations.

"H. G. Wells", por Edouard Guyot[1]

De um certo plano de pensamento, podemos licitamente afirmar que o universo é um sistema de objetos desiguais, diferentes, heterogêneos, um sistema que exclui o sinal de igualdade. O singular, o único, é que forma o fundo próprio da realidade, sendo os *universais* meros instrumentos criados pela nossa mente, a fim de poder vencer a pluralidade infinita das manifestações da natureza.

Afastando-nos desse plano tão radical e cético, é-nos permitido, porém, introduzir o sinal de igualdade, considerando

---

[1] "Nós povoamos o espaço e o tempo com as criações de nosso cérebro imperfeito, de nosso cérebro que só atingiu sua forma atual através de uma série de compromissos e de adaptações". (N. O.)

duas propriedades como iguais, quando indiscerníveis dentro de certos limites; não esperemos encontrar a identidade absoluta de duas qualidades, de dois objetos, mas sim apenas manifestações e qualidades indiscerníveis.

Dessa forma, quando dizemos possuírem dois entes uma dada propriedade em comum, podemos livremente pensar que na realidade ou de uma maneira absoluta, os dois entes têm qualidades distintas, mas essa diferença cai fora dos limites do que podemos ou queremos observar.

A suposição da existência de entes com propriedades indiscerníveis é um dos postulados fundamentais da ciência e da lógica; devemos, pois, admiti-lo desde o início.

A um sistema de objetos, tendo todos uma mesma propriedade a em comum, denominamos *classe* ou *conjunto*.

Levando em conta a velha distinção entre compreensão e extensão de um termo, podemos também definir uma classe como a extensão de um dado termo. Nesse caso, porém, devemos admitir a existência de termos com extensão nula, os quais definem uma classe que denominamos classe nula.

Assim, dada uma certa propriedade, fica imediatamente estabelecido um certo sistema de objetos – uma classe, a saber, a classe dos entes que possuem essa dada propriedade.

Devemos no entanto notar que a recíproca dessa proposição não é verdadeira, isto é, dada uma certa classe, não podemos determinar univocamente qual a propriedade que serviu para selecionar o conjunto em questão. Com efeito, muitas propriedades distintas podem servir para definir um certo conjunto. Os homens, por exemplo, podem ser definidos como "os reis da Natureza", como "os bípedes implumes risíveis" ou como "os descendentes do *Pithecanthropus erectus*"; todas essas propriedades têm como extensão a mesma classe, o que prova a nossa afirmação.

Além desse método de determinar uma classe, podemos especificar um sistema de entes por mera enumeração, dizendo, por exemplo, que os objetos em vista são c_1, c_2, c_3... sem dar o predicado que eles possam ter em comum. Observemos que essa maneira de fixar um conjunto pode ser sempre reduzida à forma anteriormente exposta. Com efeito, os objetos que compõem a classe (c_1, c_2, c_3) satisfazem todos a função proposicional "$c_1(x) \vee c_2(x) \vee c_3(x)$", possuindo, portanto, uma propriedade em comum, que poderia ser usada para defini-los. A definição por enumeração, porém, não pode ser sempre empregada, em razão do fato de existirem classes cuja extensão não comportaria esse processo.

Consideremos por exemplo o seguinte conjunto: "os pontos que distam cinco metros ou menos de cinco metros de um ponto dado". É evidente que esse conjunto tem um número infinito de elementos, sendo portanto impossível determiná-lo por enumeração.

Somos, pois, levados a adotar como método geral, para selecionar um conjunto, o processo de estabelecer uma dada propriedade, cujo campo de aplicação constitui uma classe. Dessa forma, temos em mão um método que nos permite fixar as classes finitas e infinitas.

Consideremos, agora, a função proposicional "$\varphi(x)$". Os seres que tornam essa função verdadeira constituem uma classe, a classe dos entes que possuem a qualidade φ.

Se, num caso particular, "$\varphi(x)$" for a expressão "x é um número natural", a classe determinada será o conjunto infinito 0,

1, 2, 3... Se "φ(x)" for "x é bípede, implume, risível", teremos como extensão dessa função a *humanidade*.

Simbolizaremos o conjunto determinado por uma dada função "φ(x)", por xφ(x), que leremos "os x que satisfazem (x)".

Quando não nos interessar a função que deu origem à classe, usaremos simplesmente para símbolos dessas classes as primeiras letras do alfabeto grego.

Existem, porém, duas classes particulares que têm símbolos próprios, em lógica: a classe universal e a classe nula.

Uma função proposicional sempre verdadeira, isto é, satisfeita por qualquer objeto, determina a "classe universal" ou o "universo do discurso".

Seja por exemplo a função "x=x", que é satisfeita por qualquer objeto; simbolizaremos a classe x(x=x) com o sinal 1, contendo essa classe todos os objetos imagináveis.

Consideremos, por outro lado, a função proposicional sempre falsa, isto é, que não pode ser satisfeita por nenhum elemento; essa função determina uma classe vazia, denominada "classe nula" ou "nada lógico". Não existem entes que satisfaçam a função "x≠x"; portanto, simbolizaremos a classe x(x≠x) por 0.

Aos seres que compõem um conjunto qualquer, α, nós denominamos elementos de σ, simbolizando-os por letras: x, y, z... etc.

Se um ente x pertencer a uma classe φ, escreveremos as sentenças "x é um φ" ou "x pertence a φ" da seguinte maneira: x$_\varepsilon$φ. Assim, as sentenças: "7 é um número", "v é um vetor" podem ser escritas: "7 $_\varepsilon$ número", "v $_\varepsilon$ vetor".

Dadas duas classes, α, β, se acontecer que .... (x) $[x_\varepsilon \alpha \supset x_\varepsilon \beta]$, isto é, se todos os elementos de α forem também elementos de β, nós diremos que α está *contida* ou *inclusa* em β, e escreveremos $\alpha C \beta$.

Assim, *homem* C *mortal*, pois:

$$(x)[x_\varepsilon \text{homem} \supset x_\varepsilon \text{mortal}]$$

Em geral, nós podemos pôr:

$$\alpha C \beta = (x)[x_\varepsilon \alpha \supset x_\varepsilon \beta]. \quad \text{Def.}$$

A proposição $\alpha C \beta$, como se vê claramente, é uma expressão da proposição universal *A* da lógica clássica, sob a forma de inclusão entre classes.

Das definições e do desenvolvimento que adotamos neste livro, nota-se que as relações ε e *C* são evidentemente distintas. Os lógicos, porém, nem sempre encararam essas duas relações como diferentes, fato esse que causou inúmeras confusões. A relação *C* entre classes é uma relação transitiva. Assim, se

$$\alpha C \beta . \beta C \varphi \supset \alpha C \varphi$$

A relação ε, por outro lado, é intransitiva.

Com efeito, eis um sofisma citado por Peano, no seu livro *Aritmetica generale*, sofisma este que nasce do fato de considerar-se como uma relação transitiva:

Pedro e Paulo são apóstolos.
Os apóstolos são doze.
Logo, Pedro e Paulo são doze.

Em geral, podemos afirmar que ε é uma relação entre um elemento e uma classe, enquanto C liga duas classes.

Assim como estabelecemos o conceito de classe, podemos formar o conceito de classe de classes, isto é, de um conjunto cujos elementos são conjuntos; identicamente, podemos formar o conceito de classe de classe de classes e assim por diante.

Dada uma propriedade φ, as classes que satisfazem a função proposicional $\varphi(\alpha)$, isto é, $\alpha\ \varphi(\alpha)$, constituem uma classe, cujos elementos são classes.

Consideremos uma classe β; chamamos subclasse de β qualquer classe contida em β. A classe das subclasses de β é um exemplo de classe de classes.

Outro exemplo de classe de classes nos é dado por um feixe de retas; este é uma classe de retas e uma reta é uma classe de pontos.

As classes, como as proposições, podem dar margem à criação de uma álgebra particular, com operações e teoremas próprios.

As relações e enunciados que são estabelecidos no cálculo das classes são de grande interesse para a lógica, motivo pelo qual nos deteremos nesse assunto.

Sejam α e β duas classes. Os elementos que pertencem a ambas formam uma classe que denominamos *produto lógico* de α e β.

Simbolizemos o produto lógico por $\alpha\chi\beta$. Podemos pôr:

$$\alpha\chi\beta = x\ [x_\varepsilon\alpha . x_\varepsilon\beta]\quad \text{Def.}$$

Se simbolizarmos α e β por duas circunferências, $\alpha X\beta$ será a área comum às duas circunferências.

Outra operação do cálculo das classes é a de inclusão, operação aliás que já definimos.

$$\alpha C \beta = (x)[x_\varepsilon \alpha \supset x_\varepsilon \beta] \quad \text{Def.}$$

Essa operação pode ser visualizada se simbolizarmos α e β por duas circunferências, constando essa operação na representação de α contida em β.

Sejam α e β duas classes; os elementos que pertencem seja a α, seja a β formam uma classe que denominamos *soma lógica* de α e β. Simbolizamos essa operação por $\alpha+\beta$ e definimos

$$\alpha+\beta = x[x_\varepsilon \alpha v x_\varepsilon \beta]$$

Dada a classe α com o símbolo $-\alpha$, nós designamos a classe $x[\sim x_\varepsilon \alpha]$, isto é,

$$-\alpha = x[\sim x_\varepsilon \alpha].$$

$-\alpha$ é formada pelos elementos que não são α.

Também podemos definir $-\alpha$ como a classe que, somada a α, reproduz a classe 1 e, multiplicada por α, dá como resultado a classe 0, ou:

$$\alpha + -\alpha = 1$$

$$\alpha X - \alpha = 0$$

Estabelecidas essas definições, podemos examinar alguns teoremas:

$$x_\varepsilon \alpha . \alpha C \beta \supset x_\varepsilon \beta$$

Eis um raciocínio que segue o teorema referido: "Se todos os homens são falíveis, e César é um homem, César é falível."

As leis seguintes estabelecem dois princípios distribuídos entre as operações soma e produto lógico. O primeiro princípio expressa a lei distributiva do produto em relação à soma, sendo análoga à lei aritmética aχ(b+c)=(aχb)+(aχc)

(1) $\alpha\chi(\beta+\gamma)=(\alpha\chi\beta)+(\alpha\chi\gamma)$.

Pelo sistema de circunferência de Euler, podemos constatar a certeza dessa lei, que foi descoberta por Lambert (1718).

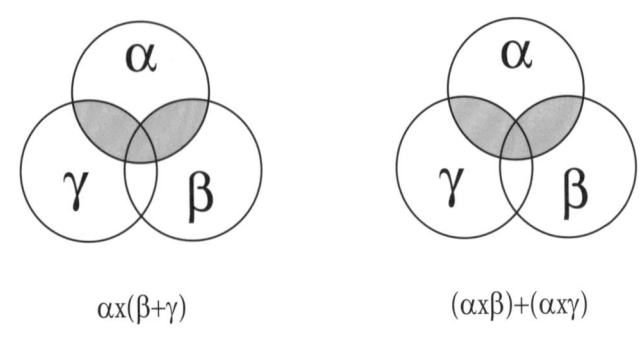

αx(β+γ)   (αxβ)+(αxγ)

Se α, β, γ são respectivamente as classes "Homem", "Bons", "Maus", então o princípio (1) afirma: "A classe dos homens bons ou maus é igual à soma da classe dos homens bons com a classe dos homens maus."

Na aritmética, não existe similar do segundo princípio distributivo. Esse princípio estabelece uma lei distributiva da soma, em relação ao produto lógico.

(2) $\alpha+(\beta X\gamma)=(\alpha+\beta)X(\alpha+\gamma)$

Pelo sistema de Euler, podemos constatar facilmente a certeza dessa lei descoberta pelo grande lógico Peirce (1867).

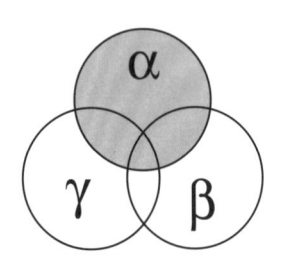

Passemos agora à seguinte lei:

$$\alpha C \beta \equiv -\beta C - \alpha$$

Sendo α e β respectivamente as classes "Homem" e "Mortal", podemos interpretá-la da seguinte maneira: "dizer que todos os homens são mortais equivale a afirmar que todos os não-mortais são não-homens".

O princípio

$$\alpha C \beta \equiv \alpha \beta = \alpha$$

lê-se, mantida a convenção anterior quanto ao significado particular de α e β: "dizer que todos os homens são mortais equivale a afirmar que a classe 'homem' é igual à classe 'homem mortal'".

As proposições seguintes são evidentes, podendo ser facilmente interpretadas em casos concretos:

1) $\alpha C \beta . \alpha C \gamma \equiv \alpha C \beta \chi \gamma$

2) $\alpha \chi \beta C \alpha$

3) $\alpha C \alpha + \beta$

4) $\alpha C \gamma . \beta C \gamma \equiv \alpha + \beta C \gamma$

Passaremos agora à exposição de certas leis em que aparecem as classes particulares 0 e 1; essas asserções exibem a analogia existente entre os símbolos 0 e 1 da lógica e da aritmética.

$\alpha + 0 = \alpha$

$1 \chi 0 = 0$

$1 + 0 = 1$

$\alpha \chi 1 = \alpha$

$1 \chi 1 = 1$

Outras proposições importantes, onde figuram as classes 0 e 1, são:

$\alpha\chi - \alpha = 0$

$\alpha + - \alpha = 1$

$\alpha + 1 = 1$

Dizer que a classe α é diferente da classe 0 equivale a afirmar que α tem ao menos um elemento; ou, em linguagem simbólica:

$\alpha \neq 0 \equiv E(x)[x_\varepsilon \alpha]$

A proposição $E(x)[\alpha_\varepsilon \alpha]$ escreve-se em lógica matemática E!α, que podemos ler: "a classe α existe", ou "α não é vazia".

A noção de existência que introduzimos só tem aplicação quando se trata de classes, isto é, a proposição E!α só tem sentido se α for uma classe.

As proposições que na lógica clássica são simbolizadas por *I* e *O*, respectivamente, as proposições particulares afirmativa e negativa, expressam a existência de certas classes particulares. Dizer por exemplo que "alguns homens são mortais" equivale a afirmar a existência do produto lógico das classes "homem" e "mortal", ou E!(Homem x Mortal).

Em geral:

$$\begin{cases} I - E!(\alpha\chi\beta) \\ O E!(\alpha\chi - \beta) \end{cases}$$

As proposições mais importantes com referência à existência de classes são as seguintes:

(1) $E!\alpha \equiv \sim(\alpha C - \alpha)$

isto é, "se existe a classe α, então não é verdade que cada α é um $-\alpha$".

(2) $E!\alpha\chi-\beta \equiv \sim(\alpha C \beta)$

Sendo α e β respectivamente os conjuntos "homem" e "sábio", podemos ler a proposição (2) da seguinte maneira: "dizer que alguns homens não são sábios equivale a negar que todos os homens são sábios".

(3) $\alpha C \beta \equiv \sim E!(\alpha\chi - \beta)$

isto é, "se todos os homens são sábios, então não é verdade que alguns homens não são sábios".

(4) $E!(\alpha + -\alpha)$

isto é, "existe ao menos um objeto que tem a propriedade α ou $-\alpha$".

(5) $\sim E!(\alpha\chi - \alpha)$

isto é, "não é verdade que existe um objeto que tenha simultaneamente as propriedades α e $-\alpha$".

Passamos assim em revista alguns dos teoremas que nos pareceram mais ilustrativos acerca do cálculo das classes. Omitimos as demonstrações, podendo os leitores encontrá-las nos compêndios de Logística.

No cálculo das classes, encontramos a exposição dos princípios elementares sobre os quais se baseia a atividade classificatória da nossa mente perante a realidade. Inclusão, interferência, soma de classes, eis as operações que permitem o manejo dessas abstrações, tão úteis ao desenvolvimento do nosso conhecimento.

Não esqueçamos, porém, o que frisamos desde o início: se quisermos adotar o termo tão caro a Vahinger, podemos afirmar que as classes são meras "ficções" – meios usados pelo pensamento a fim de unificar a infinita variedade do Cosmos.

Capítulo 8

As leis de dedução

A lógica matemática, desde a sua constituição em ciência organizada, vem sofrendo as mais duras críticas dos filósofos e lógicos tradicionalistas. Eis o que relata A. Padoa em seu livro *A lógica dedutiva em seu último período de desenvolvimento*:

> Há doze anos, um professor de filosofia teórica declarou não querer *ocupar-se* de lógica matemática, porque (ele declarou), ou "ela nos leva a resultados diferentes daqueles que nos dá a lógica tradicional e então ela é falsa; ou então ela nos conduz aos mesmos resultados, e então ela é inútil".

Essa argumentação de feitio escolástico deixa transparecer a limitação de espírito que costuma acompanhar os que falam das empoeiradas cátedras do apriorismo. É necessário, em primeiro lugar, *ocupar-se* de uma ciência, para posteriormente aquilatar o seu valor.

A lógica matemática não só alcançou resultados "diferentes" dos da lógica clássica, por serem verdadeiros, enquanto os resultados da lógica tradicional eram falsos, como também estabeleceu afirmações novas e importantes nem mesmo pressentidas pela lógica dos escolásticos.

Um domínio da lógica matemática, onde se patenteia o seu avanço em relação ao velho sistema aristotélico, é o que trata das leis que permitem a inferência; queremos nos referir à teoria da argumentação.

Pretendemos resumir, neste capítulo, algumas críticas formuladas pela lógica moderna contra a concepção aristotélica da teoria da argumentação, e expor alguns exemplos de argumentação assilogística comumente empregados.

Segundo a opinião dos lógicos clássicos, toda dedução mediata válida deveria seguir os moldes do silogismo. Assim é que a argumentação poderia ser ou silogística, ou indutiva. Além do esquema silogístico, a razão não possuiria outros recursos para estabelecer elos válidos entre asserções.

Ainda hoje, poderemos encontrar nos velhos compêndios de geometria a seguinte afirmação: "a seguir, os teoremas se deduzirão dos postulados e definições, de acordo com as leis silogísticas estabelecidas pela lógica". O fato, porém, é que são usadas diversas formas assilogísticas no correr dos raciocínios.

O dogma da onipresença do silogismo lançou fundo suas raízes no espírito dos filósofos, sendo preciso séculos para que se estabelecesse a verdade de que o silogismo é apenas uma das diversas leis da inferência.

Como sabemos, o silogismo é uma lei que expressa uma relação de inclusão entre classes: "Se todos os *A* são *B* e todos os *B* são *C*, podemos concluir que todos os *A* são *C*."

Poderá a lei lógica

(1) x=y.y=z:⊃:x=z

ser encarada como uma forma silogística?

Senão, vejamos: os entes x, y, z, no caso geral, não são classes, podendo ser indivíduos, relações, números etc. Por outro lado, a relação de identidade = é distinta da relação de inclusão.

Afinal, a lei (1), que pode ser lida: "duas coisas iguais a uma terceira são iguais entre si", forma tão comum de pensamento, é um primeiro exemplo de lei assilogística.

De igual maneira, a fórmula A>B.B>C:⊃:A>C escapou à análise da lógica tradicional.

Como já frisamos em capítulo anterior, a lógica clássica, desconhecendo as relações, era incapaz de localizar dentro de seu esquema essas formas de argumentação.

Podemos escrever, de uma forma geral, todas essas espécies de argumentos relacionais da seguinte maneira:

xRy.yRz:⊃xRz

Todas essas formas de argumentação dependem, para sua validez, da transitividade das relações em vista. Se *R*, num caso particular, for a relação intransitiva "é pai de", explicaremos a falsidade do raciocínio: "Se *A* é pai de *B*, e *B* é pai de *C*, então *A* é pai de *C*."

Apesar de, no caso do silogismo e dos argumentos relacionais acima examinados, devermos ter ao menos duas premissas, não há necessidade de estas últimas aparecerem em número de duas ou mais proposições em todas as leis dedutivas. Assim, encontraremos leis com uma só premissa.

Por exemplo, da asserção "A é marido de B" nós podemos deduzir, sem mais, que "B é mulher de A". Em geral, podemos pôr:

(2) $xPy \mathbin{:}\!\supset\! \mathbin{:} yPx$

(2) é outro caso de lei assilogística.

Adiante encontraremos outro caso de lei do pensamento no qual, da aceitação de uma só premissa, nós podemos deduzir a verdade da conclusão.

A lei da "redução ao absurdo" é outra forma de pensamento assilogístico, que encontra largas aplicações nas demonstrações matemáticas e nos raciocínios em geral.

Burali-Forti assim se refere a esse esquema de dedução:

É claro que o método de redução ao absurdo não difere absolutamente dos métodos ordinários de demonstração. É, portanto, devido à análise incompleta das formas de raciocínio que se dá a aversão de muitos pensadores ao método de redução ao absurdo, método este largamente usado por Euclides (...).

Apresentemos um raciocínio matemático que se enquadra nessa lei da mente. Provemos que se

$a = \dfrac{b}{c}$ e $a' = \dfrac{b'}{c'}$ e se acontecer que $a = a'$ e $b = b'$

então, necessariamente, $c = c'$.

Suponhamos que a proposição molecular [$a=a'.b=b'.c \neq c'$] seja verdadeira.

Então $\dfrac{b}{a} \neq \dfrac{b'}{a'}$ e $b \neq b'$, o que é contra a hipótese.

A proposição molecular [a=a'.b=b'.c≠c'] sendo falsa, como por hipótese a=a' e b=b' são verdadeiras, segue-se que a proposição falsa é c≠c'. Então, c=c'.

No correr desse raciocínio, notamos que de uma dada proposição *p* nós deduzimos a sua negação ~*p*, e passamos imediatamente à afirmação incondicional de ~*p*, ou em símbolos:

$$(p \supset \sim p) : \supset : \sim p$$

Essa é a lei da redução ao absurdo, forma nitidamente assilogística e não menos importante do que o modelo silogístico.

O *dictum de omni et nullo*,[1] que é o princípio sobre o qual encontra base a argumentação silogística, implica o fato de constituir o silogismo uma tautologia. E, como muitos lógicos já afirmaram, o esquema central que, segundo os lógicos clássicos, constituía o pivô do pensamento, é incapaz de ensinarnos, pelo seu emprego, algo novo.

Concordamos que, em geral, o movimento do pensamento é um movimento tautológico, sendo as leis do pensamento meras formas de analisar, sob outra luz e de uma forma explícita, o que já foi afirmado de uma forma implícita nas premissas.

Se sabemos que "Todos os homens são mortais", é porque já sabemos previamente que Sócrates, Cícero, Júlio César, Pedro, Paulo etc. são mortais; e, assim, toda a encenação da silogística se reduz a uma simples tautologia.

---

[1] *Dictum de omni et nullo*: O que se afirma de tudo e de nada. Um dos atributos do silogismo, de origem aristotélica, e depois retomado por Boécio e pela escolástica. Constitui a base de inferência direta dos silogismos, mediante a qual eles podem ser considerados totalmente verdadeiros ou totalmente falsos. (N. O.)

É interessante notar que justamente com essa inofensiva arma do silogismo é que a maioria dos metafísicos pretendeu sondar os abismos do ser.

Examinaremos, agora, mais uma forma de inferência assilogística, se bem que superficialmente, pois que, para um exame detalhado dessas formas, seria necessário empregar conceitos e símbolos que não expusemos neste livro.

A lei que focalizaremos é devida a Jungius. Eis o exemplo que este nos dá, dessa forma de inferência: *Circulus est figura; ergo qui circulum describit, figuram describit.*[2]

Como vemos nesse argumento, do fato dado de que a classe "círculo" está inclusa na classe "figura", nós somos levados a afirmar que duas outras classes, a saber, a classe "dos indivíduos que desenham círculos" e a classe "dos indivíduos que desenham figuras", também estão na mesma relação de inclusão.

Em geral nós podemos estabelecer essa lei da seguinte maneira: suponhamos que α e β são duas classes tais que $\alpha C \beta$; a lei de Jungius então afirma que a classe dos entes que está numa dada relação com os elementos de α está inclusa na classe dos elementos que guardam a mesma relação com os elementos de β.

Se c e f forem respectivamente as classes "círculo" e "figura", então:

[cCf]:⊃:["indivíduos que desenham círculos" C "indivíduos que desenham figuras"]

---

[2] *Circulus est figura; ergo qui circulum describit, figuram describit*: O círculo é uma figura; portanto, o que descreve um círculo descreve uma figura. (N. O.)

Outro exemplo dessa lei do pensamento nós encontraremos no argumento: "As alemãs são europeias; logo, os maridos de alemãs são maridos de europeias."

A limitação da lógica clássica ao princípio dedutivo, contido no *dictum de omni et nulo*, encontra sua explicação no fato de Aristóteles considerar apenas a forma proposicional sujeito-predicado. Para ele, o Universo consistia, pois, num sistema de objetos, possuindo cada objeto um agregado de qualidades.

Depois da organização desses objetos em gêneros e classes, o único movimento permitido ao pensamento puro seria uma passagem do gênero ao indivíduo, ou do gênero à espécie. Nesse movimento é que encontrou raiz a forma silogística.

Na lógica moderna, tendo sido ampliada a noção de proposição, foram reconhecidas novas formas de inferências, que não encontravam abrigo na lógica aristotélica. Com a introdução do conceito de relação no campo lógico, novas leis do raciocínio foram reconhecidas.

Possivelmente, o ponto de vista atual da lógica ainda se acha limitado por suposições desnecessárias. Futuramente, talvez, novas formas dedutivas venham ampliar os nossos esquemas mentais. Muitos lógicos já clamam pela libertação do pensamento de certas categorias, que estão à base tanto da antiga como da nova lógica. Entre essas categorias, a que forma o ponto de convergência da lógica atual é a categoria de Substância; certamente resultados muito interessantes decorreriam da construção de um sistema que prescindisse dessa noção.

Capítulo 9

As determinações de verdade e falsidade

A linguagem possui duas funções diferentes, mas quase sempre mescladas: a função expressiva ou emocional e a função representativa.

Usamos a linguagem com fito emocional quando pretendemos criar ou modificar estados emotivos em outros homens ou em nós mesmos. Na poesia é que esse aspecto da linguagem se manifesta explicitamente.

A função representativa é a comunicadora de conhecimento; ela se manifesta quando a nossa intenção é fazer conhecidos certos comportamentos efetivos do universo, ou certas relações matemáticas entre determinados entes. Essas duas funções se combinam num tecido sutil e emaranhado, sendo que a forma gramatical usada para expressar o elemento emotivo é a mesma que usamos na comunicação do elemento cognitivo.

Wittgenstein, em seu livro *Tratactus logico-philosophicus*, refere-se à primeira dessas funções como constituindo a

Mística da nossa linguagem; nessa região, o Autor coloca a Moral e a Estética.

Uma poesia pode ser bela, agradável, não admitindo, porém, em geral, as atribuições de verdade ou falsidade. Ninguém se lembraria de negar ou afirmar, por exemplo, este verso de Henri Barbusse:

> *Le silence est un pardon*
>
> *Plus triste.*[1]

De igual forma, um ditame da moral teórica pode apenas ser um imperativo higiênico, austero, benéfico, não admitindo, porém, os predicados de verdade ou falsidade.

Rudolf Carnap assim discorre sobre a dupla natureza da linguagem:

> Devemos distinguir duas funções da linguagem, que poderemos chamar função expressiva e função representativa. Quase todos os movimentos de uma pessoa, tanto conscientes como inconscientes, incluindo suas expressões linguísticas, exprimem alguma coisa de seus sentimentos, de seu temperamento, de suas disposições permanentes ou temporárias à reação. De maneira que nós podemos considerar quase todos os movimentos e palavras de uma pessoa como sintomas dos quais podemos inferir alguma coisa acerca do seu sentimento ou do seu caráter. Essa é a função expressiva dos movimentos e palavras.
>
> Mas, ao lado disso, uma certa porção das expressões linguísticas (por exemplo, "este livro é preto") tem uma segunda

---

[1] O silêncio é um perdão/ Mais triste. (N. O.)

função; essas expressões representam um certo estado do universo; elas nos dizem que alguma coisa tem essa ou aquela propriedade, elas afirmam alguma coisa, elas qualificam alguma coisa, elas julgam alguma coisa.

Acontece que, em muitas situações, a incapacidade de distinguir essas duas vertentes da nossa linguagem pode conduzir-nos a não pequenos erros. Desse fato decorre que se faz mister ordenar nossas ideias no concernente aos predicados fundamentais das proposições.

Deixando de lado as questões relativas ao campo emocional da nossa linguagem, questões essas que não interessam à lógica, focalizemos os problemas que se levantam na região do campo representativo.

A lógica clássica mantinha, no que concerne aos predicados fundamentais das proposições (verdade ou falsidade), uma posição que se nos afigura errônea. Eis por que se faz necessária uma revisão *ab ovo* do assunto.

O ponto principal de nossa crítica está assente no seguinte fato: os lógicos clássicos admitiam que, necessariamente, uma vez apresentada qualquer proposição com forma gramatical correta, poderíamos afirmar desde logo ser ela verdadeira ou falsa. Ao lado das proposições verdadeiras, somente existiria, segundo eles, outro campo: o das proposições falsas. Assim, tanto a proposição (1) "O sol não ilumina" como a proposição (2) "O branco é um número" eram consideradas "falsas".

A lógica moderna, entretanto, admite que somente a proposição (1) pode ser dita "falsa", ao passo que a proposição (2) deve ser chamada "sem sentido".

Para compreendermos bem a natureza da diferença das proposições (1) e (2), devemos ingressar num terreno importantíssimo da lógica moderna, o da *gramática lógica pura*, que trata das leis fundamentais da construção das sentenças.

Cada objeto do universo tem predicados convenientes, de maneira que a proposição que afirma pertencerem ou não, um ou muitos desses predicados, ao objeto considerado, tem um pleno sentido. Um objeto determinado pode possuir ou não esses predicados, mas em ambos os casos nos parece evidente que esses predicados são do "nível" adaptado ao objeto.

Podemos, assim, dividir o universo em níveis predicamentais, podendo um predicado de certo nível qualificar somente um ser de ordem imediatamente inferior. Exemplifiquemos: o objeto "esta mesa", que pertence ao plano dos objetos físicos, digamos, ao nível de ordem 0, não pode predicar nenhum objeto do seu próprio nível, e nenhum ser de ordem superior. Os objetos físicos não se predicam uns aos outros, e, por outro lado, não atribuem qualidades. Entretanto, uma qualidade que pertence ao nível de ordem 1 pode, com pleno sentido, qualificar um objeto físico que, como já o dissemos, tem a ordem 0. Dessa forma é que podemos afirmar com pleno sentido que "este vestido é vermelho", e também que "vermelho é uma cor"; entretanto, não poderíamos afirmar com sentido que "este vestido é este vestido", ou "este vestido é uma cor".

Assim é que o universo se divide em planos, de maneira que um conceito de uma certa ordem ou tipo só pode adjetivar um ser de ordem imediatamente inferior. Em geral, um conceito de ordem $n+1$ só pode pertencer a um ser de ordem n.

A teoria que abrange essa matéria tem o nome de teoria dos tipos; ela pertence à parte da lógica que estabelece as regras segundo as quais uma sentença deve ser construída para evitar o sem-sentido; e justamente dizemos que uma sentença é sem sentido quando lhe falta uma parte essencial, ou, senão, quando as suas partes constitutivas não pertencem aos tipos adequados.

Podemos determinar um tipo considerando o grupo de objetos que, substituídos numa dada função proposicional f(x), geram proposições verdadeiras ou falsas, mas sempre com pleno sentido.

Uma proposição, para ser verdadeira ou falsa, necessita antes de tudo ter sentido. Uma proposição sem sentido não é verdadeira e não é falsa, contrariando as regras básicas da nossa linguagem.

Foi esse fato que os lógicos clássicos não previram. Para eles, qualquer proposição deveria ser necessariamente verdadeira ou falsa. Muitas antinomias embaraçosas foram elucidadas, uma vez abandonado esse ponto de vista.

Parece, à primeira vista, que qualquer transgressão à teoria dos tipos seria facilmente percebida por qualquer pessoa. Existe, porém, um grande número de contradições e antinomias cujo exame requer capacidade de análise. Consideremos, por exemplo, a antinomia seguinte: Chamamos "predicável" ao conceito que possui a mesma propriedade por ele enunciada, como "abstrato é abstrato", "conceito é conceito" etc. Inversamente, chamamos "impredicável" ao conceito não predicável, como vermelho, relógio, dos quais não se poderia dizer "vermelho é vermelho", "relógio é relógio" etc. Pergunta-se, agora, se o próprio conceito "impredicável" é predicável ou impredicável.

Simbolizando impredicável por I e predicável por P, teremos:

I é P$\supset$I é I, mas

I é I$\supset$I é P, ou, considerando-se as duas implicações,

I é I≡~I é I, o que é contrário à lei da lógica, que afirma a impossibilidade de uma proposição e sua contrária serem equivalentes.

E então? A resposta reside no fato de que essas sentenças não obedecem às regras da teoria dos tipos, já explanada.

A mais ampla divisão das proposições que podemos alcançar é a divisão em proposições com sentido e proposições sem sentido.

Eis o quadro que podemos organizar:

Proposições
- Sem sentido
- Com sentido
  - Verdadeiras
  - Falsas
  - Válidas
  - Inválidas

Notemos nesse quadro que, na classe das proposições com sentido, além das proposições verdadeiras e falsas, nós distinguimos as proposições válidas e inválidas.

Com efeito, a lógica clássica também errava na simples especificação das asserções em verdadeiras e falsas. As atribuições de verdade e falsidade, entretanto, só são aplicáveis no caso das asserções sintéticas, isto é, no caso das asserções que exprimem qualquer coisa sobre a realidade. Em relação às proposições analíticas, chamamos uma proposição de válida ou inválida.

Dizemos que uma proposição é válida quando ela é deduzível de um certo número de postulados, segundo as leis da lógica, e inválida, em caso contrário.

No caso das proposições válidas, o que interessa é a possibilidade de deduzi-las de certos postulados, e não as interpretações concretas que essas proposições possam ter.

As proposições "a soma dos ângulos de um triângulo é igual a dois ângulos retos" e "a soma dos ângulos de um triângulo é diferente de dois ângulos retos" são ambas válidas, em relação aos postulados, respectivamente, da geometria euclidiana e das geometrias não euclidianas, apesar de que, se atentarmos para interpretações concretas, uma exclui a outra.

Esse fato explica a interpretação errônea que Kant deu às proposições da geometria. O filósofo alemão quis procurar no espírito humano uma realidade espacial concreta *a priori*, capaz de dar inteira veracidade às proposições da geometria euclidiana. Kant quis ver verdade ou falsidade onde somente havia validade ou invalidade.

PARTE II

A LÓGICA MODERNA

A Lógica Moderna[1]

Esta palestra tem como principal fim fazer conhecidas certas aquisições modernas no terreno da lógica. As instituições lógicas são consideradas como definitivamente estabelecidas há dois mil anos, por Aristóteles, mas quer-nos parecer essa opinião bastante exagerada.

Focalizaremos a seguir alguns pontos que caracterizam esse movimento de ideias que modificou as feições arcaicas da lógica clássica, dando a essa ciência toda a elasticidade e vigor das disciplinas matemáticas. Assim remodelada, recebe a lógica frequentemente os nomes de logística, lógica matemática, álgebra da lógica, lógica simbólica, designações estas que indicam a sua filiação à ciência matemática. Eis o motivo, talvez, pelo qual muitos filósofos e pensadores julgaram poder prescindir desse instrumento de estudo.

O primeiro vislumbre da logística surgiu na mente do grandioso Leibniz, mas talvez devido à sua avançada idade, poucos

---

[1] Conferência pronunciada no Instituto de Engenharia em 15/3/1939. Na edição das *Obras completas* do autor, produzida pelo IBF, foi agregada, junto com *Elementos de lógica matemática*, à obra *Lógica simbólica*. (N. O.)

resultados alcançou. As ideias desse filósofo sobre a lógica mostram-se imbuídas da sua metafísica: para ele, o Universo seria constituído por um número infinito de "mônadas", que, na expressão de Cusano,[2] são "infinitos finitos", pois espelham, na sua limitação, toda a Realidade. De cada mônada, teríamos uma perspectiva de todo o resto do Universo; cada uma delas seria um microcosmo, um espelho onde tudo o que se realiza nos espaços infinitos teria reflexo. Leibniz foi levado a pensar que a série dos números naturais tinha características para ser uma espécie de mônada, representação entitativa de todos os conceitos do Universo. Daí, pretendeu Leibniz criar um alfabeto do pensamento humano, que chamou "característica universal"; esse alfabeto devia constar particularmente da série natural dos números primos, números estes indecomponíveis, indivisíveis, como os conceitos fundamentais da razão.

O problema consistiria, assim, na criação de um simbolismo apto a expressar os nossos juízos e raciocínios de maneira algébrica; aos nossos processos mentais corresponderiam combinações e operações sobre os números primos da "característica".

Aos conceitos mais primitivos corresponderiam números primos menores. Um conceito composto poderia ser achado pela multiplicação dos números primos, correspondentes aos conceitos simples que o integram. À decomposição de um número em seus fatores primos corresponderia a análise de uma ideia composta em seus elementos constitutivos; à multiplicação corresponderia a síntese ou composição de novos conceitos, a partir de ideias simples.

---

[2] Referência a Nicolau de Cusa (1401-64), filósofo de inspiração platônica que desenvolveu uma monadologia, ou seja, uma perspectiva metafísica segundo a qual Deus seria a mônada das mônadas, o princípio unitivo desses núcleos mínimos do ser. Desenvolveu os princípios de mínimo e máximo, além do conceito de *coincidentia oppositorum* (*coincidência dos opostos*), por meio do qual os modos ascendente e descendente de infinitização de Deus se unem. (N. O.)

Como se vê desde logo, esse processo pitagórico não poderia levar-nos muito longe. Nada de útil alcançaríamos com esse misticismo dos números primos.

Outra tentativa de matematizar a lógica, seguindo cronologicamente, foi a do célebre discípulo de Leibniz, Lambert. Esse matemático afirmou que uma ideia era susceptível de ser desenvolvida em série, e isso de duas maneiras diferentes: 1) em função da hierarquia dos gêneros; 2) em função da hierarquia das diferenças específicas. Como curiosidade, daremos o processo que Lambert usou para conseguir o desenvolvimento desejado.

Consideremos, por exemplo, uma noção A; se representarmos a sua composição por gênero e diferença específica, Ag e Ad, teremos:

$$A = Ag + Ad$$

(Que significação terá esse +?); por sua vez, Ag é uma noção e se comporá de um gênero e uma diferença específica e teremos:

$Ag = (Ag)g + (Ag)d = Ag^2 + Agd$; substituindo na forma anterior, teremos:

$$A = Ag^2 + Agd + Ad$$

Se prosseguirmos em nossas operações, chegaremos finalmente à expressão de Lambert:

$$A = Ag^n + Ag^{n-1}d + Ag^{n-2}d \ldots\ldots + Agd + Ad$$

A interpretação desta fórmula não oferece dificuldade. Como diz muito bem Baca, nem Lambert nem seus seguidores retiraram qualquer elemento de valor dessas fórmulas. Estas serviram unicamente para ser contempladas.

O caminho certo ainda não fora trilhado, e o processo anterior teve como resultado apenas fórmulas mortas, com o perigo de operações cuja significação não era bem precisa.

Os primeiros lógicos que fixaram as bases precisas sobre as quais devia erguer-se a nova lógica foram Frege, Shrüder e Peano; por outro lado, os grandes expositores e divulgadores foram Whitehead e Russell. Tudo que exporemos foi obra desses homens. A obra de renovação versa sobre muitos capítulos da lógica, e nós, primeiramente, nos deteremos sobre um desses capítulos, que traz o nome de *lógica formal proposicional*.

Como sabemos, a lógica formal isola um certo número de leis, um certo número de relações, que sempre devem vigorar entre as proposições, quando estas expressam formas de inferência. Essa parte da lógica moderna trata de estabelecer, de maneira algébrica, todas essas leis, dedutivamente, partindo de um número mínimo de premissas. Neste capítulo, as proposições elementares são tratadas como todos indivisíveis, como a aritmética trata os números, e são simbolizadas por letras como $p, q, r, s...$

Sobre essas proposições, nós podemos definir as seguintes operações:

$$\begin{cases} p & \text{não} - p \\ p \rightarrow q & \text{se } p, \text{então } q \\ p \lor q & p \text{ ou } q \\ p \cdot q & p \text{ e } q \\ p = q & p \text{ igual a } q \end{cases}$$

O resultado final da aplicação de qualquer dessas operações sobre as proposições dá ainda uma proposição. Assim, não – p é uma proposição e, da mesma forma, p→q, pvq etc.

As proposições elementares *p*, *q*, *r* recebem o nome de proposições atômicas e as proposições p.t, r=t, (pvq) → s.t são denominadas proposições moleculares, numa terminologia idêntica à da química.

As proposições atômicas podem ser formalmente verdadeiras (o que designaremos por *V*) ou falsas (o que designaremos por *F*).

Evidentemente a *V* ou *F* das proposições moleculares depende da *V* ou *F* das proposições intervenientes. Assim, a proposição (p.q) só é verdadeira se p, q forem *V*. Pode-se organizar a seguinte tabela (Wittgenstein), que nos dá o valor *V* ou *F* das proposições moleculares em função da *V* ou *F* das proposições atômicas:

p	p̄
V	F
F	V

p, q	p.q	pvq	p→q	p=q
V V	V	V	V	V
V F	F	V	F	F
F V	F	V	V	F
F F	F	F	V	V

Para as proposições moleculares mais complexas, devemos primeiramente achar os valores para as expressões parciais e depois calcular o valor de toda a proposição. Por exemplo:

(p)→(pvq)

p, q	p→(pvq)	
V V	V→V	V
V F	V→V	V
F V	F→V	V
F F	F→F	V

Então: (p)→(pvq) [V, V, V, V]

As operações fundamentais não são todas independentes; algumas podem ser definidas em relação às outras. Por exemplo:

$$\begin{cases} \text{a) } p \rightarrow q = \overline{p} v q & \text{Df.} \\ \text{b) } p.q = \overline{\overline{p}v\overline{q}} & \text{Df.} \\ \text{c) } p v q = \overline{\overline{p}.\overline{q}} & \text{Df.} \end{cases}$$

Estabelecidas essas preliminares, lancemo-nos na construção do lindo sistema dedutivo, que é a lógica formal proposicional. Para isso, além dos quatro postulados fundamentais que daremos abaixo, ainda necessitamos de duas regras auxiliares de dedução. São elas:

> 1. Regra *Modus ponens*: Se uma proposição *p* é verdadeira, e se é verdade que p→q, então podemos afirmar isoladamente ser *q* verdadeira.
>
> 2. Regra de Substituição: Numa expressão podemos substituir um símbolo por outro, contanto que o façamos em todos os lugares onde o símbolo aparecer.

Os postulados que constituem as premissas da lógica formal são os seguintes (Russell):

α) pvq → p

β) p → pvq

γ) pvq → qvp

δ) (p→q)→(rvp→rvq)

Estas proposições satisfazem as condições que devem satisfazer todos os grupos de postulados, isto é, são compatíveis, independentes, suficientes e sua escolha responde a fins técnicos.

Como matéria de curiosidade, desse sistema de postulados deduziremos algumas leis célebres da lógica clássica.

1) (p→q):→:(s→p)→(s→q)

Demonstração

$(p→q) → (\bar{s}vp → \bar{s}vq)$ $\left(\text{Post. } \delta\, \dfrac{\bar{s}}{r}\right)$

$(p→q) → [(\bar{s}→p) → (\bar{s}→q)]$ (Def. de →)

2) O Silogismo

$[(p → q) \cdot (q → r)] → (p → r)$

$(q → r) → [(p → q) → (p→)]$ $\left[\text{Teor. 1}, \dfrac{q}{p}\, \dfrac{r}{q},\, \dfrac{p}{s}\right]$

$(p → q) → (p →r)$ (Regra 1)

$(p → r)$ (Regra 1)

A lógica moderna | 131

3) *Tertium non datur* ($\bar{p}$ v p)

$p \to (p \vee p)$ $\left(\text{Post. } \beta \, \dfrac{p}{q}\right)$

pvp → p (Post. α)

p → p (silogismo)

p v p (def.)

4) *Reductio ad absurdum*

p.q→p:→q

p.p→q:→:q (Regra 1)

(p→q)=(q→p) (Teorema que não demonstrarei)

p.$\bar{q}$→$\bar{p}$:→q

Acabamos de dar alguns exemplos, mostrando a estrutura e o funcionamento do cálculo proposicional: o ideal magnífico de Leibniz foi realizado. Se preenchêssemos as proposições variáveis *p*, *q*, *r* de valores particulares, ou, por outra, se *p*, *q*, *r* fossem proposições de matemática, ou de qualquer outro sistema dedutivo, e se todos os postulados fundamentais fossem escritos nessa álgebra, poderíamos alcançar todos os teoremas dessas ciências, por um verdadeiro cálculo proposicional.

Um monumento assim construído é o *Principia mathematica* de Russell e Whitehead, livro que demonstrou ser a matemática uma ciência puramente formal (Kant), e, o que é mais, um desenvolvimento da lógica.

Passemos agora a um capítulo da lógica moderna, onde aparece nitidamente o valor do simbolismo adequado no estudo das questões do pensamento.

Consideremos a proposição "Todos os A são B" [A]. O que nos diz essa proposição? Diz-nos, sob o ponto de vista da compreensão, que as propriedades A e B estão de tal maneira relacionadas que se um objeto x possui A, deduz-se que ele possuirá também, necessariamente, a propriedade B. Então se $A(x) \to B(x)$, e isso para qualquer x, ou $(x)[A(x) \to B(x)]$. Por ex.: "Todos os homens são mortais" equivale à proposição $(x)[H(x) \to M(x)]$.

Tal é a verdadeira análise da proposição clássica [A].

Aristóteles, no entanto, dava a mesma estrutura lógica às duas espécies de proposições 1) "A é um B" e 2) "Todos os A são B"; examinamos, porém, que a estrutura da primeira proposição é $B(A)$ (i.e., A tem a propriedade B) e da segunda é $(x)[A(x) \to B(x)]$.

Como vimos na exposição do cálculo proposicional

$p \to q = \bar{p} \vee q$; aplicando a [A], teremos:

(K) $A(x) \to B(x) = \bar{A}(\bar{x}) \vee B(x)$

Isso nos será de utilidade adiante.

Qual será a estrutura da proposição "alguns A são B"? Esta proposição nos diz que ao menos um objeto tem conjuntamente as propriedades A e B. Como se vê, essa é uma proposição nitidamente existencial, pois para ser verdadeira é necessário que exista pelo menos um objeto x, tendo as propriedades em questão. Podemos simbolizar essa proposição por:

Alguns A são $B = [E(x)A(x).B(x)]$

$E(x)$ significando "existe ao menos um x...".

Da fórmula *(K)* vemos que a proposição pode ser verdadeira mesmo que não exista objeto algum tendo a propriedade *A*, pois: mesmo A(x) sendo sempre *F*, *K* continuará sendo *V*, para B(x) verdadeira ou falsa, pois:

$$\begin{cases} \overline{F} \to V = V v V = V \\ \overline{F} \to F = V v F = V \end{cases}$$

Isso é claro, pois a proposição afirma simplesmente que "*se houver um objeto...*" e não que *existe* esse objeto.

A proposição [A] não é existencial, mas simplesmente hipotética: mesmo que não existam objetos que constituam a classe *A*, ela continua sendo verdadeira.

Os lógicos modernos descrevem esse fato dizendo que [A] e [E] são proposições sobre as propriedades e não sobre os objetos que possam possuí-las.

Quanto às proposições da forma [Alguns], são existenciais, do que decorre o fato de só serem verdadeiras se houver ao menos um ente que as satisfaça.

Dessas considerações podemos tirar várias conclusões:

1ª) Certas regras clássicas de conversão de proposições são errôneas e, dessa maneira, certas espécies de inferências imediatas. Assim, da proposição "todos os *A* são *B*", nós não podemos deduzir que "alguns *B* são *A*".

Com efeito: de A(x)→B(x) nós não podemos deduzir E(x).B.A; pois [A(x)→B(x)] = $\overline{A(x)}$vB(x),

e [$\overline{A(x)}$vB(x)] é V mesmo quando A(x) for

sempre F, o que não acontece nas combinações E(x) B . A

A conversão *per accidens* da lógica clássica é inválida, assim também como a conversão da proposição [E] por contraposição.

2ª) Os modos de silogismo Darapti, Felapton, Fesapo, Bramantip são leis errôneas da lógica formal.

Com efeito, o silogismo em Darapti se escreve:

A(x)→B(x).C(x)→A (x):→B(x)C.B, mas,

$\overline{A(x)}$vB(x).$\overline{C(x)}$vA(x).→E(x)CB.

mesmo no caso de C(x) ser *F*, teremos o 1º membro dessa implicação *V*, enquanto o 2º será *F*.

Por outro lado, foi demonstrado que todas as outras formas do silogismo podem se reduzir à forma Barbara (Cf. A. Padoa, *A lógica dedutiva*).

Podemos ver então ao que se reduziu a gloriosa silogística, instituição respeitável da lógica clássica.

Passemos agora às últimas considerações sobre a teoria das proposições.

A lógica aristotélica considerava como existente no espaço lógico apenas uma forma de proposição: a forma sujeito-predicado, *S é P*.

Levava ela o nome de forma apofática fundamental, pois Aristóteles julgava que nas proposições os predicados "iluminavam", tornavam "fosforescentes" as significações do sujeito.

S é P sintetizava então todas as formas de juízos, e, inversamente, todos os juízos podiam ser expressos nessa construção lógica. Dada uma proposição qualquer da ciência ou da vida, seria sempre possível distinguir debaixo dos conteúdos particulares a *apophasis* fundamental S é P.

Essa redução das proposições a um único esquema foi sem dúvida o resultado de uma visão imperfeita de Aristóteles e perdurou pelo mesmo motivo que os outros erros de Aristóteles perduraram, isto é, porque o Mestre não podia errar.

Muitas formas proposicionais foram negligenciadas pelos lógicos antigos e particularmente a forma mais usada nas matemáticas.

Os sucessores de Aristóteles, tendo em vista, por exemplo, a proposição do tipo "x é paralelo a y", queriam a todo custo ver como sustento lógico dessa proposição a forma apofática.

Podemos adiantar que as proposições relacionais são irredutíveis ao tipo S é P, e todo o esforço nessa direção serviu unicamente para obscurecer os horizontes lógicos.

Examinemos, por exemplo, a proposição relacional "x é maior que y". Temos dois termos, x e y, bem distintos, vinculados por uma relação. A relação "maior que", simbolizada por R, admite um antecedente x, e um consequente y, tal que xRy.

É evidente que se xRy, no caso geral, deve haver outra relação $\overline{R}$, que liga y a x, pois y$\overline{R}$x é a proposição relacional "y é menor que x".

Em geral, dada uma proposição xRy, pode-se imediatamente estabelecer outra proposição y$\overline{R}$x.

Fato inteiramente diverso dar-se-ia no caso de uma insistência relativa ao enquadramento das asserções vinculares no esquema S é P.

O sujeito de xRy seria sem dúvida *x*, mas como devemos considerar "é maior que *y*" como um todo atribuído a *x*, perderíamos posteriormente a liberdade de afirmar qualquer coisa sobre *y*.

"É maior que", cristalizado e inarticulado, seria o predicado *P*, que, segundo a direção do vetor ←, iria tornar "fosforescente" *x*.

Essa maneira de ver, no entanto, é claramente antinatural, não respeitando a forma com que nós tratamos as frases que expressam elos entre entes.

Existem frases articuladas de emprego constante, tais como "*y* matou *x*", "*a* comeu *b*" etc. Como enquadrá-las no esquema $\overleftarrow{S \text{ é } P}$ sem recorrer a milagres?

O Universo não é constituído unicamente por entes aos quais são atribuídas propriedades, como quer a forma apofática de Aristóteles, mas também por relações entre entes. As expressões linguísticas que descrevem estas ocorrências são justamente as proposições relacionais.

Eis então, passados em vista, alguns capítulos desse monumento de precisão e formalismo que é a nova lógica, a lógica que se deve impor nas nossas escolas e universidades.

Vicente Ferreira da Silva e a Lógica

Newton da Costa

No presente estudo procuraremos evidenciar as principais características do pensamento de Vicente Ferreira da Silva no referente à lógica simbólica, bem como delinear o significado de sua contribuição, do ponto de vista da história dessa disciplina entre nós. Assim sendo, nossa tarefa afigura-se um tanto árdua, por dois motivos básicos: 1) o filósofo brasileiro dedicou-se, no começo de sua carreira, à lógica matemática, especialmente como instrumento de pesquisa filosófica, mas logo após abandonou suas preocupações iniciais, voltando-se para temas completamente diferentes; 2) Vicente Ferreira da Silva escreveu, ao que sabemos, apenas um trabalho de lógica matemática, o qual, por ter finalidade exclusivamente didática e elementar, torna quase impossível de se perceber as ideias originais que sobre o assunto ele porventura pudesse ter. Além disso, os poucos contatos pessoais que mantivemos

---

[1] Artigo publicado originalmente em: Newton C. A. da Costa. "Vicente Ferreira da Silva e a lógica". *Revista Brasileira de Filosofia*, São Paulo, v. 14, n. 56, p. 499-508, out./dez., 1964. (N. O.)

com Vicente não foram suficientes para esclarecer diversas dúvidas pertinentes à sua concepção da lógica, fato que lamentamos deveras.

Por todas essas razões, talvez nossa interpretação do pensamento de Vicente, com referência à lógica, não seja inteiramente exata. Cremos, no entanto, que o leitor distinguirá, sem embaraço, os pontos realmente bem fundamentados de nossa exposição dos que forem resultado de meras conjeturas.[2]

Vicente e a lógica matemática no Brasil

A história da lógica simbólica em nosso país é interessante. Praticamente o único sucesso digno de menção, entre nós, antes de 1950, é o livro de Vicente intitulado *Elementos de lógica matemática* editado em 1940, muito embora alguns estudiosos, como Amoroso Costa, já houvessem tratado de certos tópicos da nova lógica. Todavia, hoje, como que por milagre, o número de cultores dessa ciência é muito grande, relativamente aos de vários ramos da filosofia e da matemática, que são as disciplinas que mantêm as conexões mais estreitas com a logística. Seria difícil tentarmos explicar a causa desse fato; porém, os motivos relevantes que o determinaram são os seguintes: 1) no Brasil, pelo menos até o presente, os intelectuais, em geral, e os filósofos, em particular, apreciam mais as questões humanísticas, parecendo padecer de uma certa aversão ao simbolismo e às técnicas matemático-formais; 2) em nossas universidades, as cadeiras onde se trata comumente da lógica quase sempre se encontram em mãos de mestres

---

[2] Reproduziremos repetidamente, na exposição que segue, as próprias palavras de Vicente Ferreira da Silva, sendo todas citações de seu livro *Elementos de lógica matemática*, edição do autor, 1940, 116 p. Esta obra acha-se esgotada há vários anos, não se podendo, praticamente, conseguir um exemplar. Por isso, cremos que as citações se justificam. (Nota do Autor)

improvisados, os quais, via de regra, carecendo de formação matemática, não dão o devido valor à logística; 3) os matemáticos brasileiros, pelas mais diversas razões, não se ocupam, quase, com a lógica simbólica e com os fundamentos de sua disciplina; 4) tudo isso acarreta forte dose de má vontade com relação à nova lógica, implicando o atraso desses estudos em nosso meio; 5) agora, no entanto, o panorama está mudando, graças a uma plêiade de jovens professores de matemática e de filosofia que, em diversas regiões do país, propugnam pelas técnicas da lógica contemporânea.

Pelo que acabamos de dizer, já se pode concluir que a posição de Vicente, em nosso meio cultural, é singular: tendo sido o Autor do primeiro livro de lógica matemática no Brasil, assumindo, então, uma atitude bastante análoga à dos filósofos analíticos hodiernos, influenciado enormemente por Bertrand Russell e pelo Círculo de Viena, terminou efetuando uma reviravolta completa, para se converter em representante entusiasta da corrente existencialista.

Em lógica matemática, Vicente Ferreira da Silva não sofreu quaisquer ascendências por parte de especialistas nacionais, porque eles não existiam até há algum tempo. Por outro lado, o filósofo paulista não contribuiu mais para a situação atual dos estudos lógicos entre nós, por não ter seguido sistematicamente o seu reino inicial. Mesmo quando Quine esteve em São Paulo, em 1942, mantendo relações diretas com Vicente, que o auxiliou no curso proferido na capital bandeirante e na redação do livro que publicou em português (*O sentido da nova lógica*, São Paulo, Martins, 1944), ao que tudo indica Vicente já estava principiando a se absorver com problemas de outra índole.

Resumindo, o pensador brasileiro constituiu-se, dentro da história da lógica entre nós, em radiosa luz, algo isolada e que cedo se apagou, por se ter voltado para questões de natureza totalmente diversa.

A atitude lógica de Vicente

Se quisermos fazer uma ideia de Vicente como lógico, a única fonte, como acentuamos atrás, é o seu livro já mencionado. *Elementos de lógica matemática* constitui obra de um homem de vinte anos, em pleno desabrochar de seu talento filosófico, segundo o próprio Vicente mais de uma vez insistiu. Não encerra nada de essencialmente original; no entanto, é trabalho meditado e, levando-se em conta o ambiente da época, mostra-se surpreendentemente arejado, patenteando haver o seu Autor compreendido bem o significado da logística.

Vicente deixa transparecer abertamente que se encontrava sob a influência de Bertrand Russell e dos adeptos do Círculo de Viena. Justifica-se isto, pois parece provável que Vicente, atraído, na ocasião, por questões de filosofia da linguagem e de lógica, reiteradamente procurando se aproximar dos matemáticos estrangeiros que se encontravam lecionando na Faculdade de Filosofia, Ciências e Letras da Universidade de São Paulo, sobretudo do geômetra italiano Albanese, foi induzido a considerar os trabalhos de Peano e sua escola (Padoa, Burali-Forti, Pieri, Vailati...). Daí ao estudo da obra de Russell e das investigações dos neopositivistas, inclusive Wittgenstein, não há mais do que um passo.

Falando em geral, cremos que quatro traços caracterizam a atitude de Vicente em face da lógica. A seguir comentaremos cada um deles.

O primeiro consiste na maneira de o filósofo brasileiro equacionar as relações entre a lógica tradicional e a lógica simbólica.

Para alguns pensadores, essas duas ciências são completamente distintas, aquela possuindo caráter filosófico e esta pertencendo ao âmbito da matemática; tal é a tese, por exemplo, de Maritain e de Veatch. Para outros, a lógica tradicional contém, como caso especial, a logística; embora isto possa parecer indubitavelmente falso, há pesquisadores defendendo essa opinião, como Greenwood. Finalmente, pode-se sustentar que a lógica tradicional enquadra-se, sob a forma de capítulo particularíssimo, na lógica matemática. Parece, hoje, quase universalmente aceito que a logística constitui uma ampliação da lógica clássica, uma evolução necessária, como, para exemplificar, a matemática atual representa um avanço quando comparada com a matemática grega. É esta, precisamente, a maneira de ver de Vicente, ao dizer na introdução de seu trabalho:

> Este livro desenvolve alguns tópicos importantes de uma nova ciência lógica, que já se impõe no ambiente filosófico dos grandes centros de cultura. Essa nova disciplina não é um produto independente e exterior à velha lógica aristotélica, mas sim representa uma nova sistematização e refundição da mesma lógica. Todos os capítulos segundo os quais a lógica clássica se achava dividida sofrem críticas, remodelações e ampliações. Tanto na teoria dos termos como na teoria das proposições e na teoria da argumentação, surgiram novos horizontes, desconhecidos nas cogitações dos lógicos do passado. Lógica matemática é o nome que designa essa nova lógica. Frisemos o fato de que a palavra matemática não implica, neste caso, a intromissão da matemática, comumente compreendida, no método desta disciplina, mas simplesmente sublinha a precisão e clareza com que são estabelecidas as verdades nesta nova fase do desenvolvimento da lógica. (p. 29)[3]

---

[3] As páginas estão de acordo com a presente edição. (N. O.)

O segundo traço pode ser condensado assim: não obstante muitos especuladores acharem que a logística é patrimônio de determinadas escolas filosóficas, Vicente insiste, como a maioria dos lógicos atuais, em que isso não sucede. A lógica matemática é neutra em relação às teses filosóficas desta ou daquela diretriz. Afirma Vicente com toda clareza:

> O traço mais característico da nova fase da lógica é a independência que essa disciplina guarda relativamente à filosofia. A lógica desenvolveu-se ultimamente como uma ciência autônoma, com objeto e métodos próprios, aspirando a verdades próprias.
>
> Assim como a filosofia e a religião de um físico não intervêm em suas pesquisas científicas, a lógica não deve depender das opiniões do lógico sobre a natureza do universo. (p. 31)

Na verdade, o que comprometeu a lógica aristotélica, sob certos aspectos, parece ter sido uma determinada dependência a que estava sujeita quanto à metafísica, circunstância muito bem descrita por Vicente, ao asseverar:

> Assim é que a lógica aristotélica partia de pressupostos metafísicos sobre a natureza do ser e da realidade, resultando daí esquemas lógicos deformados e arbitrários; a lógica era prisioneira de certas categorias. Com efeito, quem não percebe na forma lógica universal "sujeito-predicado" o reflexo de uma visão do mundo, na qual a realidade se resolvia em substâncias e atributos?
>
> Destruir o quanto possível esses pressupostos metafísicos, não ter por diretriz, na confecção dos novos moldes e das novas leis, senão a experiência quotidiana, eis o espírito que domina a nova lógica. (p. 30).

Uma terceira característica do pensamento lógico de Vicente Ferreira da Silva liga-se à logística encarada como método da filosofia. Sob a influência de Russell e de outros membros do Círculo de Viena, ele sustentava que a lógica matemática era o novo instrumento, o novo *organon*, da filosofia.

Diversas ciências já pretenderam erigir-se como substância essencial das divagações filosóficas, como método único de pesquisa da verdade. O evolucionismo filosófico dá-nos um exemplo dessa tentativa de explicação unidimensional de todos os acontecimentos do universo. O psicologismo de Bergson é outro exemplo desse desejo de englobar, num só sistema, fatos provindos de todos os domínios da realidade.

Eis portanto que, apresentando-se a lógica como a quintessência da ciência filosófica, seríamos levados legitimamente à crença de que se trataria de mais uma dessas estéreis tentativas de retificar a tortuosa linha da realidade.

A posição da lógica, porém, é *sui generis* em relação às outras ciências; as pesquisas realizadas nestes últimos cinquenta anos, pelos filósofos mais eminentes, fizeram ressaltar o papel central e onipresente da lógica, em todas as questões filosóficas. Não se trata, pois, de mais um sistema levantado por algum êmulo de Spencer ou de Bergson, mas sim de um trabalho titânico, empreendido por intelectuais como Bertrand Russell, Hans Hahn, Moritz Schlick, Carnap, trabalho paciente e detalhado, sem as pretensões dos sistemas que tudo resolvem. (pp. 35-36)

Posteriormente, Vicente não mais falaria assim da lógica considerada como método da filosofia. As técnicas lógico-simbólicas seriam úteis para a crítica da linguagem e a análise do conhecimento fornecido pelas diversas ciências especiais, mas não serviriam como instrumento das indagações filosóficas profundas ou, melhor, da filosofia propriamente dita, como veremos adiante.

Sobre a presente questão, ou seja, se a logística pode ou não se transformar em método conveniente da inquirição filosófica, não temos muita certeza quanto a uma resposta positiva, contrariamente à opinião de Vicente na oportunidade em que escreveu seu livro e não obstante as ponderações de Russell e de outros partidários da lógica atual. Achamos que, falando por alto, há dois tipos fundamentais de problemas filosóficos: os de caráter científico estrito e os de caráter especulativo. Não parece fácil definir com nitidez cada uma dessas categorias de questões, porém é certo que a classificação tem sua razão de ser. O mesmo problema pode ser focalizado quer do prisma científico, quer do prisma especulativo, de modo que, sem almejarmos precisão, parece mais correto dizer que os métodos, em sentido amplo, é que podem se classificar em científicos e em especulativos. Não entraremos em detalhes sobre este assunto, pois já o fizemos em diversas oportunidades,[4] mas convém apresentar alguns exemplos de perquirições científicas em filosofia, que são as análises de Bertrand Russell sobre a teoria das descrições, as investigações de Reichenbach referentes à mecânica quântica, as pesquisas de Carnap sobre o conceito de probabilidade e o método indutivo e a definição de verdade de Tarski. Por seu turno, as concepções lógicas de Hegel, os métodos com que Dilthey procurava fundamentar as ciências do espírito e as concepções irracionalistas de tendência existencial enquadram-se na categoria das elucubrações especulativas.

---

[4] Ver, por exemplo, nosso artigo "Conceptualización de la filosofia científica", *Revista de Filosofia de la Universidad de Costa Rica*, vol. II, n. 8, 1960, pp. 336-63. (N. A.)

Parece indiscutível que a lógica simbólica e, de modo mais geral, a semiótica, podem ser de utilidade no domínio da filosofia científica, transmutando-se em método de trabalhos, de análise. Todavia, isto não se dá, sempre, com as investigações de natureza especulativa. Aliás, um critério mais ou menos razoável de divisão das questões filosóficas em científicas e em especulativas poderia ser obtido, talvez, de acordo com a maior ou menor presença do método lógico-semiótico empregado como instrumento de análise crítica.[5]

Por fim, o quarto traço marcante do pensamento vicentiano reside na circunstância de o filósofo nacional conceber a lógica moderna como disciplina aberta, viva. A nova lógica não é mais a ciência estagnada e petrificada do tempo de Kant. Ao contrário, é tão progressiva e encontra-se em permanente estado de evolução como as demais. Assim, escreve Vicente:

> Quando nos referimos à lógica que deve constituir o abc da pesquisa filosófica, não queremos conotar com este termo aquele agregado de magras fórmulas da lógica aristotélica; a lógica, manancial das futuras vitórias do conhecimento, será uma ciência viva e progressiva. (p. 36)

Pressentindo avanços ainda maiores da lógica, o filósofo patrício diz:

> Possivelmente, o ponto de vista atual da lógica ainda se acha limitado por suposições desnecessárias. Futuramente, talvez novas formas dedutivas virão ampliar os nossos esquemas mentais. Muitos lógicos já clamam pela libertação

---

[5] No primeiro capítulo de *Elementos de lógica matemática*, intitulado "A lógica como base da filosofia", deparamos com uma descrição sumária, relativa a problemas concretos, de como o método lógico-linguístico pode ser de utilidade em filosofia. Nessa parte do livro, é especialmente clara a influência exercida por Bertrand Russell, Carnap e outros filósofos de tendências similares, sobre Vicente. (N. A.)

do pensamento de certas categorias, que estão à base tanto da antiga como da nova lógica. Entre essas categorias, a que forma o ponto de convergência da lógica atual é a categoria de Substância; certamente resultados muito interessantes decorreriam da construção de um sistema que prescindisse dessa noção. (p. 115)

Realmente, a lógica de nossos dias encontra-se em extraordinária evolução, sendo poucos os setores do saber que, sob este aspecto, a ela se podem comparar. Embora semelhante situação não seja novidade para o especialista, os estudiosos de outros campos até o momento não tomaram perfeita consciência de tal fato, consistindo isso verdade particularmente com referência aos filósofos. Vicente, sublinhando várias vezes o caráter de ciência aberta, evolutiva, da lógica, ao par com as outras disciplinas, teve uma noção nítida do escopo das técnicas da lógica hodierna.

O significado da lógica

É óbvio que os traços anteriormente apontados do pensamento vicentiano não bastam para esclarecer o papel que a lógica nele desempenhou. As características referidas são muito genéricas para definir a posição de Vicente. Tentaremos nos tornar mais específicos.

Os vínculos entre a lógica e a realidade, segundo Vicente Ferreira da Silva, mostram-se bastante intricados. Escreve ele:

> O pensamento é uma atividade do tecido vivo, e, portanto, como já podemos presumir, pouco submisso às cadeias rígidas das leis. É ele um fluxo muito mais rico e heterogêneo do que supunham os lógicos clássicos.

A lógica clássica e mesmo a moderna são o resultado de uma esquematização do mundo. Foi traçado no universo um sistema de coordenadas, e as classes e as relações delimitaram e estabilizaram a torrente da realidade.

Para os fins imediatos da ciência, é provável que esses modelos aristotélicos e pós-aristotélicos nos bastem. Mas já há filósofos que olham para mais longe e procuram leis mais vivas e reais do que as derivadas de uma faina classificatória milenar.

Nesse ponto, a lógica suplanta a lógica e aparecem leis mais universais, para agir onde as particulares não são mais vigentes (p. 73).

Em seguida, Vicente cita o seguinte trecho de Papini:

O mundo do real é o mundo do diverso, do continuamente diferente, o mundo sem princípio de identidade e sem lei – mas para viver no mundo do real e para se ter dele uma só imagem falada ou pintada, conceitual ou estética, é obrigação e necessidade negar o particular. Só se faz o retrato do mundo em linhas geométricas; não se conquista o diverso, senão imaginando-o, no fundo, homogêneo. A realidade é muito rica e não dá frutos, aos homens, senão depois de grandes podas e mutilações (pp. 73-74).

Para Vicente, as leis lógicas, portanto, advêm de uma esquematização da realidade. Por meio de certos esquemas dominamos o mundo, edificamos a ciência e orientamo-nos em nossa vida quotidiana. Fora dessa apreensão esquemática do universo, os princípios lógicos não possuem qualquer validade. A lógica é o produto de uma "espacialização" do mundo, da vida, resultando de um compromisso. Rompendo-se este compromisso, o de conformidade com Vicente, transcenderemos, por conseguinte, os imperativos da logicidade.

Nessa concepção de Vicente, algo incompatível com outras passagens de seu *Elementos*, distinguimos a semente de suas ideias posteriores. De fato, a lógica poderia servir de instrumento para clarificar e catalogar o esquemático; a linguagem, sendo a expressão máxima da esquematização, prestar-se-ia muito bem como objeto de análises lógico-formais. Porém, a realidade como tal, a vida, o alvo principal da metafísica, por não constituírem esquemas, por não serem suscetíveis de espacialização, escapam às categorias do lógico. Daí, a imprescindibilidade de outros métodos para captar o real, daí o voo de Vicente de seus estudos de lógica matemática para suas elucubrações metafísicas.

Assim se explica, temos a impressão, o que poderíamos batizar de *paradoxo de Vicente Ferreira da Silva*: a circunstância de haver ele abandonado a lógica simbólica, onde se constituía, segundo Quine, em grande promessa, para entrar, de corpo e alma, no terreno das perquirições metafísico-existenciais. Embora alguns filósofos analíticos não concordem, essa trajetória, de conformidade com Vicente mesmo, era bastante natural...

Extrapolando um pouco, quiçá fosse lícito afirmar que, aos olhos do filósofo brasileiro, há dois tipos básicos de indagação que merecem, em sentido amplo, a qualificação de perquirições filosóficas: a *esquemática*, onde os processos lógico-semióticos encontram aplicação como instrumento de análise crítica e valorativa, e a *filosofia propriamente dita*, na qual isso não acontece. O primeiro tipo identificar-se-ia com a filosofia científica, e o segundo enquadrar-se-ia no âmbito da filosofia especulativa. Tudo isso, entretanto, não passa de conjetura. Somente Vicente Ferreira da Silva estaria capacitado para confirmar ou negar a interpretação sugerida, não fora o destino trágico que, roubando-o tão cedo de nosso convívio, silenciou um dos maiores vultos da cultura brasileira.

Conclusão

Terminando, queremos sublinhar apenas uma faceta da evolução filosófica de Vicente: suas cogitações lógicas não constituíram etapa isolada de seu pensamento, mas representaram fase inicial necessária. Uma espécie de reflexão crítica para preparar a fase metafísica. Vicente não tratou de deturpar a lógica, como fizeram tantos outros, para erigir uma doutrina; partindo de análise objetiva da ciência de Aristóteles, foi conduzido, sem solução de continuidade, às suas concepções metafísicas.

Bibliografia

Baca, G. *Introducción a la logica moderna*. Barcelona: Colección Labor, 1936.

Burali-Forti, C. *Logica matematica*. Milão: Hoepli, 1919.

Carnap, R. *L'ancienne et la nouvelle logique*. Paris: Hermann, 1933.

_____. *Philisophy and logical syntax*. Psyche Miniatures General Series. Londres: Kegan Paul, Trench, Trubner & Co., 1935.

_____. *Logical syntax of language*. London: Kegan Paul, Trench, Trubner & Co., 1937.

Carrel. *L'homme, cet inconnu*. Paris: Plon, 1935.

Costa, Amoroso M. *As ideias fundamentais da matemática*. Biblioteca Científica Brasileira. Rio de Janeiro: EECM, 1929.

Couturat, L. *L'algèbre de la logique*. Paris: Gauthier-Villars, 1914.

Eaton, R. M. *General logic*. Nova York: Charles Scribner's Sons, 1931.

ENRIQUES, R. *Per la storia de la logica.* Bolonha: Zanichelli, 1922.

HAHN, H. *Logique mathematiques et connaissance de la réalité.* Paris: Hermann, 1935.

HILBERT, D. e ACKERMANN, W. *Grundzüge der theoretischen Logik.* Berlim: Julius Springer, 1928.

HILBERT, D. e BERNAYS, P. *Grundlagen der Mathematik.* Berlim: Julius Springer, 1934.

OPPENHEIM, P. Von. *Klassen Begriffen zu Ordnung begriffen.* Paris: Congrès Descartes, 1937.

ORESTANO, F. *Nuove vedute logiche.* Milão: Fratelli Bocca, 1939.

_____ . *Idee e conceitti.* Milão: Fratelli Bocca, 1939.

_____ . *Il nuovo realismo.* Milão: Fratelli Bocca, 1939.

PADOA, A. *La logique deductive.* Paris: Gauthier-Villars, 1912.

PEANO, Giuseppe. *Aritmetica generale e algebra elementare.* Torino: G. B. Paravia, 1902.

RUSSELL, B. *Le mysticisme et la logique.* Paris: Payot, 1922.

_____ . *Introduction to Mathematical Philosophy.* Londres: George Allen & Unwin; Nova York: The Macmillan Company, 1919.

RUSSELL, B. e WHITEHEAD, A. N. *Principia mathematica.* Cambridge: Cambridge University Press, 1935.

STEBBING, L. S. *A modern introduction to logic.* Londres: Methuen, 1933.

WITTGENSTEIN, L. *Tractatus logico-philosophicus.* Londres: Kegan Paul, Trench, Trubner & Co., 1933.

Nota biográfica do autor

Vicente Ferreira da Silva nasceu na cidade de São Paulo, a 10 de janeiro de 1916. Fez seus estudos secundários no Colégio São Bento, ingressando a seguir na Faculdade de Direito da Universidade de São Paulo. Porém, a princípio, não o Direito, mas a Matemática é que o seduziu. Tanto que em 1933, já havia se aproximado do grande matemático italiano Fantappié, então professor em São Paulo. Torna-se logo um dos primeiros leitores dos *Principia mathematica* de Russell e Whitehead, e, com a publicação de seu primeiro livro, *Elementos de lógica matemática*, em 1940, o primeiro a introduzir a lógica matemática no Brasil. Com a vinda, em 1942, do lógico Orman Quine, da Universidade de Harvard, Vicente é convidado para ser seu assistente.

Mas o contato com a filosofia alemã promove uma guinada em seu pensamento, que o aproxima cada vez mais das reflexões de cunho existencial e conscienciológico, que tomam corpo em seu segundo livro, *Ensaios filosóficos* (1948), bem acolhido pela crítica e que, segundo José Geraldo Vieira, colocava Vicente como a maior vocação filosófica brasileira desde Farias Brito. Nesse mesmo ano, estabelece contato com o Colegio Libre de Estudios Superiores, na Argentina, que lhe inspira a criação do Colégio Livre de Estudos Superiores, em São Paulo, um dos mais importantes centros livres de conferências e (poucos lembram disso) um dos germes do futuro ISEB (Instituto Superior de Estudos Brasileiros), no Rio de Janeiro.

Pensador filosoficamente solitário, mas incansável interlocutor, Vicente não só estabelecia correspondência com pensadores brasileiros e estrangeiros das mais diversas correntes e ideologias, como promovia condições para a vinda destes a São Paulo. Dentre eles, alguns dos principais nomes do pensamento contemporâneo, como Von Rintelen, Bagolini, Grassi, Gabriel Marcel. Isso para não falar dos diálogos infinitos com intelectuais amigos, como Vilém Flusser, Eudoro de Sousa, Agostinho da Silva, Miguel Reale, Hélio Jaguaribe, Guimarães Rosa, Renato Cirell Czerna.

Paralelamente, desenvolveu uma atividade importante que o aproxima da pedagogia filosófica de Ortega y Gasset: o jornalismo. O seu debate filosófico público tinha começado a se esboçar em 1945, nos suplemento *Letras e Artes* e no jornal *A Manhã*, mas tornou-se assíduo e impetuosamente presente com os artigos filosóficos publicados na *Folha da Manhã*, no *Diário de São Paulo*, no *Jornal do Commercio* e no *Jornal de Letras*.

É eleito membro da Allgemeine Gesellschaft für Philosophie in Deutschland em 1949 e, nesse mesmo ano, representa o Brasil no Congresso de Filosofia de Mendonza, ao lado de Eugen Fink, Abbagnano, Delfim Santos, além de exercer o cargo de diretor da Divisão de Difusão Cultural da Reitoria da USP e de organizar os Seminários de Filosofia do Museu de Arte Moderna. Também é nesse ano que funda, com Miguel Reale e outros intelectuais, o Instituto Brasileiro de Filosofia e, em seguida, a *Revista Brasileira de Filosofia*.

Seu terceiro livro, *Exegese da ação*, sai em 1950, ano em que também finaliza um de seus mais importantes trabalhos, *Dialética das consciências*, onde expressa de modo definitivo sua fenomenologia da existência. Esta obra é apresentada na Faculdade de Filosofia da USP para concurso de professor, mas, sob o vão protesto de intelectuais, Vicente é impedido de concorrer ao cargo, com o aviltante pretexto de não possuir diploma de Filosofia. Em 1951 publica *Ideias para um novo conceito do homem*, em 1953, *Teologia e anti-humanismo*, e, em 1958, *Instrumentos, coisas e cultura*.

Em 1954, colabora na organização do primeiro Congresso Internacional de Filosofia realizado no Brasil, nos quais se reúnem Enzo Paci, Julián Marías, Leopoldo Zea, e Vicente é escolhido para fazer parte do Conselho Científico da coleção Rowohlts Deutsche Enzyklopaedie, ao lado de Eliade, Guardini, Kerényi, Oppenheimer, Walter Otto, Sedlmayr, Uexküll. Em 1955, funda em São Paulo, juntamente com sua esposa, a poeta Dora Ferreira da Silva, e com Milton Vargas, a revista *Diálogo*, na qual publica seguidamente seus ensaios mais importantes sobre filosofia da arte e da religião. A revista *Diálogo* acaba se tornando o palco de uma nova guinada de seu pensamento, que havia sido deflagrada em inícios da década de 1950, mas que encontra seu vértice no ensaio Introdução à Filosofia da Mitologia. É no desenrolar dessa nova metanoia filosófica que o destino o intercepta, em um acidente automobilístico, em 1963.

Nota biográfica do organizador

Rodrigo Petronio nasceu em 1975, em São Paulo. É editor, escritor e pesquisador. Formado em Letras Clássicas e Vernáculas pela USP. Professor do curso de Criação Literária da Academia Internacional de Literatura (AIL), professor-coordenador do Centro de Estudos Cavalo Azul, fundado pela poeta Dora Ferreira da Silva, e coordenador de grupos de leitura do Instituto Fernand Braudel. Recebeu prêmios nacionais e internacionais nas categorias poesia, prosa de ficção e ensaio. Participou de encontros de escritores em instituições brasileiras, no México e em Portugal. É autor dos livros *História natural* (poemas, 2000), *Transversal do tempo* (ensaios, 2002), *Pedra de luz* (poemas, 2005) *e Assinatura do Sol* (poemas, Lisboa, 2005), e organizou o livro *Animal olhar* de António Ramos Rosa (2005). É membro do conselho editorial da revista de filosofia, cultura e literatura *Nova Águia* (Lisboa). Foi congratulado com o Prêmio Nacional ALB/Braskem de 2007, com a obra *Venho de um país selvagem* (poesia), publicada em abril de 2009.

DADOS INTERNACIONAIS DE CATALOGAÇÃO NA PUBLICAÇÃO (CIP)
(CÂMARA BRASILEIRA DO LIVRO, SP, BRASIL)

Silva, Vicente Ferreira da, 1916-1963
  Lógica Simbólica : obras completas / Vicente Ferreira da Silva ; organização e preparação de originais Rodrigo Petronio ; prefácio Milton Vargas ; posfácio Newton da Costa. – São Paulo : É Realizações, 2009. – (Coleção Filosofia Atual)

  ISBN 978-85-88062-74-0

  1. Filosofia 2. Signos e símbolos I. Petronio, Rodrigo. II. Vargas, Milton. III. Costa, Newton da. IV. Título. VI. Série.

09-11713   CDD-121.68

ÍNDICES PARA CATÁLOGO SISTEMÁTICO:
1. Simbólica : Filosofia   121.68

Este livro foi impresso pela HRosa Gráfica e Editora para É Realizações, em novembro de 2009. Os tipos usados são Minion Condensed e Adobe Garamond Regular. O papel do miolo é chamois fine dunas 120g, e da capa, curious metallics gold leaf 300g.